영유아발달

Infancy & Early Childhood Development

Infancy & Early Childhood Development

영유아발달

이형석 · 이종모 공저

동 문 사

PREFACE

머리말

모든 생명체는 생명이 시작되는 순간부터 소멸되는 순간까지 끊임없이 변화한다. 인간도 모태 내에서 수정되는 순간부터 죽는 순간까지 여려 측면에서 변화를 경험한다. 출생부터 사망에 이르기까지 신체적, 정신적, 사회적 측면에서 전 생애에 걸쳐 연속적으로 일어나는 변화의 양상과 과정을 발달 또는 발달적 변화라고 한다.

이 책은 영유아발달의 이해를 돕기 위해 인간이 모태 내에서 수정되는 순간부터 유아기까지의 발달, 즉 신체적, 정신적, 사회적 발달을 중심으로 구성하였다.

제1부는 영유아발달의 기초로 발달에 대한 개념, 영유아기의 발달에 영향을 미치는 요인, 발달의 원리에 대하여 설명하였다. 또한 인간의 정신적 발달의 이해를 돕기 위해 정신분석이론, 심리사회이론, 행동주의이론, 사회학습이론, 인지발달이론, 인본주의이론으로 구성하였다.

제2부에서는 태아기 및 신생아발달을 중심으로, 태아기발달에서는 수태, 임신의 진단, 태아의 성장, 태아에게 영향을 미치는 요인과 태아기 검사에 대하여, 신생아발달에서는 신생아의 신체 및 생리적 특징, 신생아의 감각 기능에 대하여 설명하였다.

제3부는 영아기의 발달로, 영아기의 신체적 발달, 영아기 감각의 발달, 영아기의 인지발달, 영아기 언어발달, 영아기의 정서발달, 영아기 사회성 발달을 중심으로 설명하였다.

제4부에서는 유아기발달을 중심으로 유아기 신체 및 운동의 발달, 유아의 인지발달, 유아기 언어의 발달, 유아기 정서발달, 유아기 사회성의 발달에 대하여 설명하였다.

제5부에서는 발달장애를 중심으로, 뇌의 발달, 발달장애의 개념, 발달장애의 원인, 발달장애의 발견, 발달장애의 중복, 발달장애의 진단에 대하여 설명하였다.

이 책이 영유아의 신체적, 정신적, 사회적 발달에 대하여, 더 나아가서는 인간의 발달에 대하여 많은 것을 알 수 있는 계기가 되기를 바란다.

2018년 5월

저자 일동

CONTENTS

차 례

차 례

PART 02 태아기 및 신생아발달

CONTENTS

PART 03 영아기발달

차 례

PART 04 유아기발달

CONTENTS

PART 01

영유아발달의 기초

CHAPTER

01

영유아발달의 이해

제1절 발달의 기초

1. 발달의 개념

인간의 발달이란 난자와 정자가 만나 수정되는 순간부터 죽음에 이르기까지 전 생애를 통해 일어나는 신체, 정신 및 심리적인 변화 및 과정을 의미한다. 발달은 시간의 흐름에 따라 점차 신장과 체중이 증가하거나 감소하는 양적인 변화와 이러한 변화과정에서의 신경조직, 근육조직, 내분비선, 순환계통의 질적인 변화를 포함하고 있다. 발달에 대한 정의를 보면 '발달이란 임신에서부터 죽음에 이르기까지의 시간적 흐름에 따라 유기체에서 일어나는 질서정연하고 연속적인 변화이며, 유전적 요인과 환경적 요인의 상호작용한 결과'라고 본다(강문희, 2011).

발달의 변화과정은 세 영역으로 나누어 볼 수 있는데, 첫 번째가 신체발달영역, 두 번째가 인지발달영역, 세 번째가 사회·정서발달영역이다. 또한 발달의 변화과정은 순서가 있고 특정한 양식을 나타냄과 동시에 지속성이 있다.

① 신체의 발달: 신체 크기, 비율, 외형, 신체구조의 기능, 감각과 운동능력들과 신체건강에서의 변화에 관한 영역.

② 인지·언어발달: 주의, 기억, 학문적인 것과 일상생활 지식을 포함하는 인지능력, 문제해결능력, 상상력, 창의성과 언어에서의 변화에 대한 영역.

③ 사회·정서적 발달: 정서적 소통, 자기이해력, 타인에 대한 지식, 인간 사이의 기술, 우정, 친밀한 관계와 도덕적 추론과 행동에서의 변화에 대한 영역.

이 세 가지 영역의 경계는 분할되어 있지 않으며, 겹쳐있어 상호작용을 하는 것으로 볼 수 있다(김기현, 2014).

2. 인간의 발달단계

인간의 발달단계는 보통 8단계로 구분하는데, 태아기(수정~출생 전), 영아기(0~2세), 유아기(3~6세), 아동기(7~12세), 청소년기(13~18세), 성인기(19~39세), 중년기(40~64세), 노년기(65~사망)로 본다.

① 태아기(Prenatal period): 난자와 정자의 수정에서부터 출생 전까지의 시기이다. 어머니의 자궁 내에서 태아의 신체 조직이 발달하고 신체 성장이 가장 큰 폭으로 일어나는 시기이다.

② 영아기(Infancy; 출생~2세): 출생 후 약 2주 동안은 신생아기라고 하며, 만 2세까지는 영아기라고 본다. 영아기는 독립적으로 생활할 수 없으므로 신체적·심리적으로 성인에게 의존하며, 부모나 형제자매 등 나를 돌보는 사람에게 애착행

동을 보인다.

③ 유아기(Early childhood; 3~6세): 취학 전 시기라고도 하며, 운동의 발달이 급속도로 이루어지며 달리기, 뛰기, 구르기 등 기본적 운동기능이 발달된다. 언어능력도 빠르게 발달되며 사고능력 역시 확장되어 언어·놀이·그림 등을 통해 다양한 상상력과 기본적인 학습능력을 기르게 된다. 또한 자기 통제나 조절을 할 수 있게 되며, 사회적 경험의 확대와 또래와의 접촉이 늘어나면서 기초적인 사회화가 이루어지는 시기이다.

④ 아동기(Middle & Late childhood; 7~12세): 학교 교육이 시작되는 시기로서 신체적·정서적 능력이 성숙되며 논리적으로 사고할 수 있게 된다. 아동에 있어서 가족이 중요하지만, 또래집단이 사회화의 중요한 역할을 하게 된다. 가족 문화를 기반으로 아동 자신만의 독특한 문화를 형성하기도 하며, 다양한 사회현상과 구조를 이해하기 시작한다.

⑤ 청소년기(Adolescence; 13~18세): 청소년기에는 신체적 변화가 두드러지는데 1차·2차 성징이 나타나며 여자는 여성으로 남자는 남성으로 성숙된다. 또한 이 시기에는 지적인 변화가 현격히 나타나며 추상적이고 깊이 있는 사고를 하게 된다. 어른처럼 보이고 행동하지만 정서적인 면에서는 아직 미성숙한 상태이다.

⑥ 성인기(Early adulthood; 19~39세): 부모로부터 독립하여 새로운 가정을 형성하는 시기이다. 그러기 위해서 이 시기에 배우자를 선택하고 가족을 형성하며 자녀를 생산·양육한다. 또한 직업을 선택하고 경제적인 부를 늘려간다.

⑦ 중년기(Middle adulthood; 40~64세): 중년기에는 자녀를 양육하며, 직업에 있어서도 직무수행능력이 매우 높다. 정신적 및 신체적 변화를 겪으면서 인생의 후반을 건강하게 보낼 수 있도록 준비하는 시기이기도 하다.

⑧ 노년기(Late adulthood; 65~사망): 노년기는 신체적 능력과 건강이 쇠약해지는 변화를 겪으며 직장에서는 은퇴하게 되어 감소된 수입에도 적응해야 하는 시기이다. 그동안의 자신의 삶을 회고하는 시기이기도 하다.

제2절 영유아기의 발달에 영향을 미치는 요인

영유아는 영아기(0~2세), 유아기(3~6세)를 포함하는 개념이다. 이 시기는 신체, 언어, 인지, 정서 및 사회성의 발달이 급격하게 이루어지며 이후의 발달에도 중요한 영향을 미친다.

발달을 연구하는 이론가들은 발달의 각 영역은 상호 밀접하게 연관되어 있어 한 영역에서의 발달은 다른 영역에 직·간접적으로 영향을 미치고, 발달에는 순서가 있으며 그 순서는 일정하지만 속도와 양상은 개인차가 있으며, 발달에는 최적의 발달이 이루어지는 결정적 시기(critical period), 민감기(sensitive period)가 있다(유효순 외, 2005; 김경희 외, 2013).

또한 발달에 영향을 주는 요인은 유전과 환경 중 어떤 요인이 더 영향을 주는 가에 대한 연구는 오랫동안 논쟁거리가 되어왔다. 그러나 최근에는 유전과 환경의 역동적인 상호작용적 특성을 고려할 때, 행동발달에서 유전과 환경의 상대적 영향력을 엄밀히 구분할 수 없다고 본다(박성연 외, 2005).

1. 유전적 요인

유전이란 부모로부터 물려받은 우리의 특성이나 능력에 영향을 주게 되는 유전적 정보를 말하며, 인간의 진화 역사에서 찾아볼 수 있는 '인간'이라는 종으로서의 유전적인 정보도 포함된다.

유전에 대하여 말할 때는 일반적으로 유전인자(gene), 타고난 성향(inborn biases), 성숙(maturity)의 개념이 함께 사용된다. 이 중 발달 또는 변화가 유전적으로 예정된 계획에 의해 순서대로 일어나는 '성숙의 개념'이나 '인간으로서 타고난 성향의 개념'은 아동에게 보편적으로 일어나는 발달 양상과 관련된다. 모든 아기들은 이러한 계획에 따라 앉고, 서고, 걷는 일정한 발달순서를 거치고, 갓 태어난 아기가 사람의 말소리를 지각하는 능력, 특정한 지각방식이 있다는 것은 비교적 환경의 영향을 받지 않고 일어나는 보편적인 발달양상이 있음을 시사한다(김수희 외, 2012).

한편 인간발달에 생물학적 요인을 강조하는 유전설은 생득설(nativism)이며 발달을 규정하는 원동력은 개체 내에 있다고 본다. 이 설은 유전을 발달의 본질로 설명하고 있으며 모든 인간의 심리적 특성은 부모로부터 유전된다고 본다. 유전론을 주장하는 학자들은 발달에 있어서 선천적으로 가지고 태어나는 태생적인 요인을 강조하며, 환경적 요인은 발달에 거의 영향을 미치지 않는다고 본다. 즉, 아동의 발달 또는 변화를 생물학적으로 예정된 계획에 의해 순서대로 일어나는 현상으로 보고 성숙요인과 생득요인을 중시한다(강경미 외, 2008).

2. 환경적 요인

아동의 생활이나 발달에 영향을 미치는 환경적 요인이란 모든 외적인 조건들을 말한다. 블룸(Bloom, 1964)은 환경을 '개인에게 영향을 미치는 외부조건과 자극 및 힘'이라고 정의하며, 외적 조건과 자극을 환경이라는 개념 속에 포함시키고 있다. 환경의 유형은 크게 세 가지로 볼 수 있는데, 물리적 환경, 자연환경 및 사회환경이다. 물리적 환경은 개인에게 작용하는 외적 조건과 자극이 일정한 규칙에 의해 조직화·체계화되어 있는 환경을 말하며, 자연환경은 자연과학의 대상이 되는 외부환경이며, 사회환경은 개인과 개인에 의해 구성되는 가정과 집단 및 사회·국가 등이 포함되어 있는 환경(제도적·문화적·정치적·경제적 변인)을 말한다(강경미 외, 2008).

한편으로는 환경론과 함께 개인의 발달이란 외부에서 주어진 감화에 의한다는 경험론이 있다. 즉, 생득설을 주장하는 것처럼 발달의 가능성은 개체의 내부에 있다고 해도 환경이 변화되면 개인의 모습이 다르게 변화하기 때문에 개인의 발달은 지금까지 받아 온 모든 외부적인 환경의 영향이라고 주장하는 것이다. 예로서 늑대 소녀의 발달과정이 여기에 해당한다(강경미 외, 2008).

3. 유전과 환경의 상호작용적 요인

유전과 환경의 상대적인 영향은 발달내용에 따라 다르지만, 대부분의 행동특성은 환경과 유전의 두 가지 요인에 의해 영향을 받는다고 본다. 예를 들면, 성숙이 선행되어야지만 학습은 그 효과가 높으며, 학습 여부를 통해 성숙은 어느 정도 촉진 또는 지원될 수 있으며, 아동의 지적능력은 거의 전적으로 유전에 의해 결정이 되지만 태내에서 모체의 조건이나 성장하면서 생활환경의 영향을 받아 지체아나 우수아로 발전할 수도 있는 것이다(Freiberg, 1992). 환경의 영향은 타고 난 잠재력의 범위 내에서 이루어지며, 동시에 같은 유전적 가능성을 가지고 태어났음에도 불구하고 환경의 영향에 따라 발전가능성의 정도는 다르다고 할 수 있다(박성연 외, 2003).

인간의 발달에 있어서 유전과 환경을 독립적 요인으로 분리하여 보는 것이 아니라 두 요인이 어떻게 결합되어 발달이 일어나게 되는가에 초점을 두어야 한다. 이러한 가정으로는 ① 발달을 결정하는 기본프로그램이 유전적 인자에 들어있고, ② 유전인자는 표현형을 결정하고, ③ 유전인자는 발달의 한계점을 갖고 있고, ④ 유전인자는 발달의 성향을 조절한다는 것이다(Cole & Cole, 1993).

한편 아동은 환경에 의해 영향을 받는 수동적인 개체가 아니라 환경을 선택하고 발달을 조정해 가는 능동적인 개체이기 때문에 유전과 환경의 영향력을 구별하기는 힘들다. 열악한 가정환경에서 자란 두 형제의 성격이나 행동특성이 서로 다른 것은 환경 때문이라고 볼 수 없으며, 담배를 똑같이 많이 피우는 두 사람 중 한 사람은 폐암에 걸리지 않는 것은 담배라는 유해환경만으로 설명되지 않는다. 이러한 것은 유전과 환경 간의 상호작용은 단순하지 않기 때문이며, 동일한 환경에도 다른 특성을 가지고 태어난 아동에게는 다른 영향을 미치는 것이며, 유전과 환경 간의 상호작용 방식은 아동에 따라 다르게 나타난다는 것을 알 수 있다(김수희 외, 2012).

한편 최근에 '발달'이라는 것은 유기체에 존재하는 유전적인 가능성, 과거로부터 현재에 이르기까지의 발달 그리고 현재의 환경조성 등에 따라 다르다는 관점도 제시되고 있는데, 모든 인간은 각자의 발달을 위한 독자적인 청사진을 갖고 태어나며 이러한 유전적 가능성 요인은 그 시점까지 이어져온 발달 수준과 현재의 여러 가지 환경적 상황에 따라 이에 맞게 작동되어 나타나기 때문에 개인의 발달은 타고난 특성과 환경 간의 역동적인 상호작용의 산물로 보는 견해도 있다(김수희 외, 2012).

제3절 발달의 원리

발달에는 모든 영유아에게 보편적이고 일반적으로 나타나는 기본 원리들이 있다. 이러한 원리는 영유아의 발달과 행동을 이해하는데 기본적이고 필수적이다. 발달의 기본 원리는 다음과 같다(성영혜 외, 1999).

1. 유전과 환경의 상호작용

유아 및 아동의 여러 영역과 관련된 발달은 부모로부터 물려받은 유전적 요인과 외부로부터 주어지는 환경 요인 간 상호작용의 결과로 이루어진다. 유전과 환경을 독립된 별개의 것으로 간주하거나 양자택일의 입장으로 이해하는 데는 어려움이 따르나, 대부분은 발달을 유전과 환경의 상호작용에 의해 이루어지는 것으로 본다. 그러므로 발달의 이해는 유전과 환경을 서로 분리해서 보기는 어렵다

2. 발달의 순서

발달은 개인에 따라 발달속도가 일정하지 않으나 그 순서는 일정하다. 즉, 두→미 방향으로(cephalo-caudal direction), 중심부→말초 방향(proximo-distal direction), 전체→세부 방향(mass-specific direction)으로 발달이 진행된다.

① 두–미발달의 원칙: 발달이 머리에서 발 방향으로 진행되는 것으로 머리 부분이 몸통이나 사지보다 일찍 발달한다는 것.

② 근원발달의 원칙(중심부–말초 방향): 중심부가 말초신경보다 먼저 발달한다는 것이다. 팔, 손목, 손, 손가락의 순서대로 발달이 이루어짐을 의미한다.

③ 세분화 원칙(전체–세부 방향): 일반적인 것에서 특수한 것으로 발달이 진행되는 것이다. 영아의 행동이 몸 전체를 사용하는 행동에서 점차 분화되고 정밀한 행동으로 변화되어 가는 것을 의미한다.

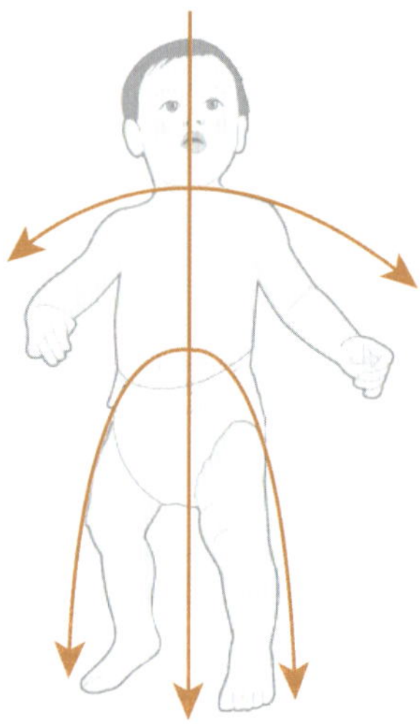

그림 1–1 **발달 순서**

3. 연속적·점진적 과정

발달은 연속적이며 점진적 과정으로 낮은 단계에서 높은 단계로 이행하며, 보다 높은 차원으로 발달이 이루어진다. 발달은 계속해서 이루어지는 것으로 전 단계의 발달은 다음 단계의 발달에 기초가 되지만, 발달과정에서 이루어지는 변화의 폭은 일정한 간격으로 이루어지는 것은 아니다. 특정 시기에 특정 영역의 발달이 급격히 이루어지나 어느 시기에는 천천히 발달하기도 한다.

4. 발달의 개인차

발달에는 보편적인 순서가 있으며, 발달 속도는 개인마다 차이가 있다. 어떤 아이는 신체적·정신적 발달이 출생에서부터 빠른 속도를 보이는 경우도 있으며, 어떤 아이는 그 속도가 느린 아이도 있다. 이러한 이유는 개개인의 유전적 배경이 다르고, 둘러싸고 있는 환경적 요인(가정환경, 경제적 상태, 이웃의 사회적·문화적 조건 등)이 다르므로 발달에서도 개인차가 나타나는 것으로 볼 수 있다. 인간은 유전과 환경과의 상호작용을 통해 발달하므로 모두 독특한 양과 질 그리고 다른 속도로 발달하게 되는 것이다.

5. 결정적 시기

발달에 있어서 결정적 시기(critical period)의 개념은 생물학에서 도입이 되었는데, 이는 발달이 가장 급격하게 이루어지는 최적의 시기를 말한다. 이 시기에 적절한 발달이 이루어지지 않으면 치명적이고 심각한 결손을 가져오게 된다. 인간의 발달단계 중에 생의 초기단계인 영유아기의 경험은 이후 모든 발달단계의 발달을 좌우하며, 성인기 발달에 지속적인 영향을 미친다. 영아기에 어머니와의 애착을 형성하지 못하면 나중에도 적절한 대인관계를 형성하는 데 어려움을 겪는다.

영유아의 발달영역은 서로 독립적으로 발달하지 않고 서로 밀접한 연관이 있으므로 한 영역의 발달이 다른 영역의 발달에도 영향을 미친다. 신체적 발달이 우수한 아동은 인지적 발달과 사회·정서적 발달에서도 우수한 발달을 이룬다.

CHAPTER 02

영유아발달에 관련된 이론

제1절 정신분석이론

〈Sigmund Freud〉
※ 출처: https://ko.wikipedia.org/

정신분석이론(psychoanalytic theory)은 프로이트에 의해 최초로 개발된 성격발달이론이다. 이 이론은 인간의 정신세계의 대부분을 차지하고 있는 무의식에 중심을 둔 이론이며, 무의식 세계의 성적·공격적 충동에 의해 발생되는 본능의 본질을 파악하고 분석한 이론이다. 정신분석이론에 있어서 성격(personality)이란 어떤 사람을 한 개인으로서 특징짓는 정신적, 정서적, 행동적 특성의 복합체를 말한다. 성격이란 용어는 어떤 한 사람의 광범위한 특성을 나타내는데, 어떤 사람은 공격적이고, 어떤 사람은 지배적이고, 어떤 사람은 명석하고, 어떤 사람은 사교적이라고 묘사를 할 수도 있다. 개개인은 다양한 특징과 영역을 포함하기 때문에 정확히 설명하기는 쉽지 않다(Zastrow, 2002).

1. 정신분석이론의 기본 개념

프로이트는 인간을 비합리적이고 통제할 수 없는 무의식적인 본능에 지배를 받는 수동적 존재로 보며, 인간의 모든 행동, 사고, 감정은 신체적 긴장 상태에 의해 유발되는 무의식적인 성적 본능과 공격적 본능에 의해 결정된다고 본다. 인간은 이러한 본능적 긴장을 해소하기 위해 행동하며, 거대한 빙산에 비유되는 무의식적 본능에 의해 긴장 상태를 해소하기 위해 행동을 하게 된다고 본다(이종복 외, 2007). 또한 인간의 기본적 성격구조는 초기 아동기, 특히 만 5세 이전에 어떠한 경험을 하였는가에 따라 결정되며, 이러한 기본적 성격구조는 성인기가 되어서도 변하지 않고 지속된다고 본다(권중돈 외, 2006). 프로이트는 인간의 모든 행동은 본능의 지배를 받으며, 이는 정신적 에너지를 발산하는 데 그 목적이 있다고 보며, 본능은 소망(wishes)의 집합체라고 본다.

2. 인간의 정신구조

프로이트는 인간의 정신구조를 의식(conscious), 전의식(preconscious), 무의식(unconscious)의 영역인 마음의 제1영역과 원초아(id), 초자아(super-ego), 자아(ego)의 영역인 마음의 제2영역으로 구분하였다.

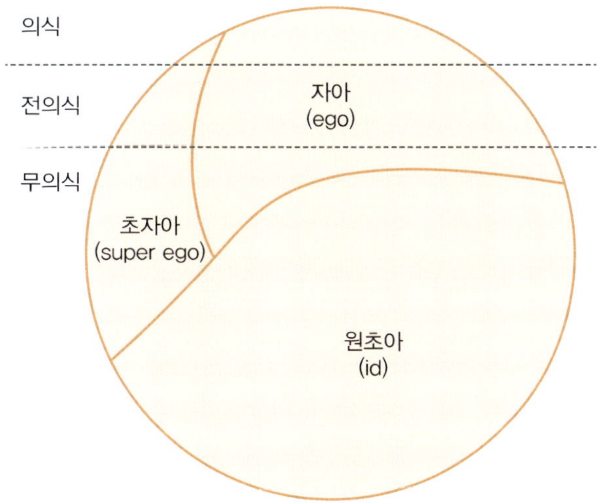

그림 2-1 **프로이드의 정신지도**

1) 마음의 제1영역

프로이트는 인간의 마음은 사고, 감정, 본능, 욕동(drives), 갈등, 동기로 채워져 있다고 한다. 이러한 것은 대부분 무의식 혹은 전의식에 위치하게 된다. 특히 전의식은 의식으로 변하는 기회가 많지만 무의식의 요소는 의식의 영역으로 쉽게 바뀌지 않는다(Zastrow, 2002). 마음의 제1영역의 정신구조는 다음과 같다.

(1) 의식

어떤 순간에 우리가 알거나 느낄 수 있는 모든 경험과 감각을 말한다. 우리가 주의를 기울이는 순간에 곧 알아차릴 수 있는 정신세계로, 이때 알거나 느낄 수 있는 모든 경험과 감각을 말한다. 이는 지각·운동·활동·감정 등을 통해 외부세계와 접촉하며, 꿈·심상·사고 등과 같은 개개인의 내적 세계와도 접촉한다. 의식의 내용은 순간적으로 지나가는데, 프로이트는 정신생활의 극히 일부분만이 의식의 범위 안에 있다고 말한다. 의식은 정신의 중심이 아니며 수면 위에 떠 있는 빙

산의 일부에 지나지 않으며, 정신의 대부분은 수면 아래 잠겨있는 무의식이라고 말한다.

(2) 전의식

전의식은 흔히 이용 가능한 기억을 말한다. 어느 순간에는 의식되지 않으나 조금만 노력하면 의식세계로 끌어 올릴 수 있는 경험을 말한다. 지난주에 행한 일, 좋아하는 음식 등과 같이 잠시 잊어버리고 있지만 뒤돌아 생각해 보면 기억을 해낼 수 있는 경험들을 예로 들 수 있다. 일반적으로 우리들의 의식 속에는 없었지만 기억, 회상 등을 통해서 의식세계로 끌어 올릴 수 있는 정신세계를 말한다.

(3) 무의식

사고, 감정, 본능, 욕구, 동기 등이 깊게 자리하고 있는 영역으로서 우리는 이것을 인식할 수 없고 직접적으로도 확인할 수 없는 접근 불가능한 창고에 해당하는 정신세계이다. 무의식은 인간의 정신세계의 대부분을 차지하고 있다. 무의식은 인간의 정신세계에 가장 크고 깊은 곳에 잠재되어 있으면서 의식적 사고와 행동을 전적으로 통제하는 힘이며 사람들의 행동을 결정하는 주된 원인이 된다(임은희, 2005). 무의식은 의식되지 못하는 영역으로서 대부분의 자료들은 억압(repression)이라는 기제를 통해 무의식 속에 들어가게 된다. 이렇게 억압된 자료들은 인간이 원치 않는 감정이나 행동을 일으키도록 자극하는 요인이 되기도 한다. 특히 꿈은 무의식에 도달하는 지름길이며 꿈의 해석(dream analysis)을 통해 무의식의 자료들을 알 수 있다고 한다(최옥채 외, 2007).

2) 마음의 제2영역

프로이트의 초기 성격구조이론의 중심 개념은 무의식이었으나 1920년대에 이와 같은 정신 개념을 수정, 보완하여 기본적 성격구조이론을 제시하였다. 인간의 성격구조는 원초아, 자아, 초자아로 구성되어 있다고 하며, 인간의 행동은 이러한 세 가지 구성요소가 상호작용을 함으로써 발생하게 된다고 한다. 마음의 제2영역은 다음과 같다.

(1) 원초아

원초아(id)는 성격의 가장 원초적인 부분으로서 본능적 욕구를 관장한다. 원초아 안에는 인간이 긴장을 느껴 긴장해소를 위해 무엇인가 행동하게 하는 욕동(drives)이 저장되어 있다. 원초아는 신생아 때부터 존재하는 정신에너지의 원천적 저장고로, 성장함에 따라 원초아에서 자아와 초자아가 분화된다. 원초아는 리비도(libido)라는 성적 에너지를 방출하며, 이는 원초아, 자아, 초자아의 활동 에너지원이 된다. 원초아는 외부세계와 단절되어 있으며, 법칙, 논리, 이성 또는 가치에 대해 전혀 알지 못하므로 시간이나 경험에 따라서 변화되지 않는다. 원초아의 특징은 두 가지가 있는데 일차적 사고과정(primary process)과 쾌락원칙(pleasure principle)에 의해서 지배된다.

(2) 자아

자아(ego)는 외부 세계의 영향에 의해 수정된 원초아의 일부이며, 원초아의 충동을 지연시키고 현실을 고려하도록 하는 역할을 한다. 목이 마를 때 단순히 물을 마시는 환상을 하는 것이 아니라 현실적으로 물을 마실 방법을 찾기 위해서 객관적인 실제 세계와 타협하는 것을 말한다. 자아는 외적 현실을 고려하고 초자아를 지배, 통제하는 집행부의 역할을 수행한다. 자아는 두 가지 특성을 가지고 있는데, 이차적 사고과정(secondary thought process)과 현실원칙(reality principle)에 의해 지배된다(최옥채 외, 2007).

자아는 지속적인 원초아의 요구와 외적 현실의 압력 사이에서 갈등을 경험하게 되기도 하는데, 이러한 갈등은 불안(anxiety)을 유발하는 긴장 상태를 만들어내게 된다. 이러한 불안은 자아에 위험신호를 보냄으로써 미리 위험처리 대책을 강구할 수 있도록 하는 기능을 하므로 정상적인 것이다. 그러나 자아가 이러한 위험신호에 반응하여 불안을 적절히 해결하지 못하게 되면 신경증이 유발되기도 한다. 우리 마음은 불안을 다루는 과정에서 무의식적인 자아방어기제(ego defense mechanism)가 나타나기도 하는데, 이는 자아가 불안이 만들어낸 위기의식에 압도당하지 않게 해 주고, 자아방어기제를 적응적으로 활용할수록 더 건강하다고 말한다(권중돈 외, 2006).

자아의 기능은 다음과 같다(전용호, 2008).

- 원초아의 욕구들을 현실에 맞게 조정한다. 원초아의 공격적이거나 성적인 욕구를 현실원칙에 맞추어 지연시킨다.
- 행위의 결과를 예측하여 판단한다.
- 현실검증을 한다. 자극이 내부에서 오는 것인지, 혹은 외부에서 오는 것인지를 판별한다. 또한 현실을 파악하고 평가하여 문제를 해결한다.
- 정신현상의 다양한 요소들을 일관성 있게 종합한다.
- 자아는 갈등으로부터 비교적 독립된 정신기능을 운영한다. 자아는 감각, 학습, 지능, 직관, 언어, 사고, 운동 등의 기능을 한다.
- 방어기제를 운용하여 내부 또는 외부의 위험 상황으로부터 개체를 보호한다.
- 초자아의 요구와 희망을 현실에 맞추어 억제하거나 조정을 한다.

(3) 초자아

초자아(super ego)는 마음의 제2영역 중에서 가장 나중에 만들어지는 부분으로 아이가 부모의 사회적 가치와 이상을 동일시함으로써 발달하게 된다. 초자아는 사회규범과 행동기준이 내면화한 형태로 나타나는데, 현실보다는 이상을, 쾌락보다는 완벽을 추구한다. 초자아는 사회의 가치와 도덕이 내면화된 표상으로 자신의 행동이 윤리적으로 옳고 그름을 판단하게 해준다. 초자아는 태어나면서부터 가지고 태어나는 것이 아니고, 부모나 선생님 등이 주는 보상과 처벌을 통하여 발달하게 된다. 초자아는 외부세계의 대변자인 것이며, 사회적 원리(social principle)에 따른다고 생각할 수 있다. 초자아는 자아 이상(ego ideal)과 양심(conscience)이라는 두 개의 하위체계로 구성이 되는데, 자아 이상은 부모가 도덕적으로 바람직하다고 간주하는 것으로서 부모의 칭찬에 의하여 형성되는 부분이며, 양심은 부모가 도덕적으로 나쁘다고 간주하는 것으로서 부모의 처벌에 의하여 형성이 된다.

원초아가 선천적인 생물학적 특성이 심리적으로 나타난 것이라면, 자아는 객관적 현실과 교류한 결과이고, 초자아는 사회의 산물로서 문화적 전통을 전달하는 매개체라고 생각할 수 있다. 이러한 세 가지 체계의 사이에는 분명한 경계선이 없고, 각기 독립된 개체라고도 할 수 없다. 자아는 원초아로부터, 초자아는 자아로부터 형성이 되며, 이 세 가지는 일상생활을 통해 끊임없이 상호작용을 하여 융화가 된다. 성격의 이 세 가지 체계는 각기 고유의 기능과 특성 및 역동성을 가지고 있는데, 에너지의 양은 일정하기 때문에 성격의 세 가지 체계 중 어느 것에 에너지를 많이 투여하는가에 따라 성격에 영향을 미치게 된다. 원초아에 에너지를 많이 투입하면 나머지 두 곳의 에너지가 적어지게 되어 본능적인 사람이 되고, 자아에 에너지를 많이 투입하면 현실적인 사람이 되고, 초자아에 에너지를 많이 투입하면 도덕적인 사람의 성격이 된다는 것이다. 자아가 원초아와 초자아를 적절히 통제하고 조정하여 성격구조의 관리자가 되어 에너지 체계를 적절히 균형을 이루게 하면 건전한 성격이 형성된다고 한다(이옥형, 2002).

3. 심리성적 발달단계

프로이트는 인간이 성적 갈등을 갖고 있다는 사실을 발견하였고, 그의 이론의 핵심이 되는 성(sexuality)의 개념을 발달시켰다. 원초아가 갖는 생물적 본능에너지를 리비도(libido)라 불렀으며, 이 에너지는 일차적으로 성적인 에너지를 말한다. 성의 개념을 중심으로 인간의 성격발달 과정을 설명한 것이 프로이트의 심리성적 발달단계(psychosexual development)이다. 이 발달단계는 연속적인 다섯 단계를 통하여 이루어진다. 이 단계 중에 어느 단계에서도 갈등과 왜곡이 나타날 수 있으며, 이러한 것이 원만하게 해결되지 못하면 특정 단계에서 고착이 된다. 고착(fixation)이란 인간의 성격이 발달하는 과정에서 어느 특정한 단계에서 많은 부분 정지되는 것을 말한다. 각 개인이 최적의 건강 상태를 유지하기 위해서는 각 단계의 위기를 원만하게 해결하여야 한다. 이 경우에 적절한 방어기제를 사용하기도 한다(Zastrow et al., 2001).

1) 구강기

구강기(oral stage)는 출생~약 18개월까지의 시기를 말한다. 이 시기를 구강기라고 부르는 것은 영아의 일차적인 활동이 젖을 먹는 것에 집중이 되어 있으며, 이 활동이 입, 입술, 혀와 같은 기관에 집중이 되어 있기 때문이다. 이 시기의 영아는 음식을 받아들이고 섭취하는 데 관심이 집중되어 있다. 수유는 이 시기에 갈등을 일으키는 주요 원인이 되기도 한다(Zastrow et al., 2001).

구강기에 적절한 보살핌을 받지 못하고 추구하는 즐거움을 얻지 못하거나 과잉 충족을 받게 되면 성격적 결함이 나타나게 되며, 다음 발달단계로의 순조로운 이행에 문제가 발생이 된다. 구강기에 너무 과다하거나 불충분한 양의 자극이 제공되게 되면, 영아가 구강의 만족과 쾌감에 너무 집착하게 되어 다음의 발달단계로 이행을 하지 못하고, 이 시기에 고착되어 어른이 되어도 구강고착적 성격을 갖게 된다. 구강기에 고착된 성격의 유형은 구강수동적 성격과 구강공격적 성격이 있다.

2) 항문기

항문기(anal stage)는 약 18개월~3년까지의 시기를 말한다. 이 시기의 영유아의 활동은 주로 무엇인가를 내보내거나 혹은 보유하는데 초점이 맞추어져 있다. 이는 일차적으로 영유아가 배설물을 배변하거나 배변하는 것을 보류하는 것과 관련이 있다. 이 시기에 시작되는 배변훈련은 갈등의 중요한 부분이다. 이 시기의 영유아는 대소변을 참거나 배설할 때 쾌감을 느끼게 된다. 배설조절을 통하여 능동적이 되며, 배설행위를 두고 부모와 투쟁을 벌이면서 부모에 대한 애증, 즉 양가감정(ambivalence)을 가지게 된다.

이 시기의 영유아는 신경계의 발달로 괄약근을 수의적으로 조절할 수 있게 된다. 이때 배변훈련(toilet training)이 이루어지며 영유아는 처음으로 그의 본능적 충동과 만족이 외부의 간섭으로 지연되는 것을 경험하게 된다. 영유아는 적절한 때와 장소가 허용될 때까지 배설 기능을 지연시키는 법을 배워야 하며, 배변훈련이 끝날 때면 사회적 승인을 얻었다는 쾌감을 경험하게 된다. 배변훈련은 항문 영역에서 성적 쾌감을 추구하는 영유아와 청결습관을 가르치려는 부모와의 사이에서 전투가 벌어지게 되고, 이 과정에서 원초아로부터 자아가 분화되기 시작한다. 항문기에서는 배변훈련이 주축이 되기 때문에 부모와 자녀 사이의 통제문제가 중요시 된다. 이러한 통제문제가 성공적으로 해결될 경우, 영유아는 권위에 대해 균형 잡힌 존경을 표시할 수 있게 되지만, 이 단계에 고착될 경우 자신에게 몰입하거나, 철퇴하거나, 타인에 대한 배려를 하지 못하는 성격을 지니게 된다. 배변훈련과정에 있어서 부모가 적절히 조력해 주고 정기적으로 대장운동을 시키며 대소변 후 칭찬을 해주면 배변에 대한 즐거움을 느끼고 변을 만드는 행위가 대단히 중요하다고 생각하게 되며, 이러한 생각은 창조력과 생산력의 밑바탕이 된다. 그러나 이 과정에서 부모가 지나치게 청결을 강조하거나 엄하고 강압적이면 변을 잘 보지 못하게 되며, 다음의 발달단계로 원만하게 이행하지 못하고 항문고착적 성격이 나타나게 된다. 항문기에 고착된 성격의 유형은 항문공격적 성격(anal aggressive personality)과 항문보유적 성격(anal retentive personality)이 있다(이근홍, 2006).

3) 남근기

남근기(phallic stage)는 약 3세~5세까지의 시기를 말한다. 이 시기의 주요 활동은 성기를 자극하고, 자신의 몸을 보여주거나 혹은 다른 인간의 몸을 보면서 쾌감을 느끼게 된다. 이 시기의 유아는 성격이 매우 복잡해지는데, 비록 자기중심적인 성향이 있더라도 사랑하고 사랑받기를 원하며 특히 칭찬을 받기 원한다(Zastrow et al., 2001).

이 시기에 남자아이와 여자아이는 서로 다른 콤플렉스를 경험하기도 한다. 남자아이의 경우 오이디푸스 콤플렉스(oedipus complex)를 경험하게 된다. 이 콤플렉스는 남자아이가 어머니를 성적으로 사랑하게 되면서 경험하는 딜레마인데, 이 시기의 남자아이는 아버지를 경쟁자로 생각하며 적대적인 감정을 갖게 된다. 그러나 아버지와의 관계 때문에 남자아이는 점차 거세불안(castration anxiety)을 갖게 된다. 거세불안이란 자신과 어머니의 '성적 관계'를 아버지가 알게 되면 자신의 성기를 제거할지도 모른다는 두려움을 말한다. 그러나 남자아이는 오이디푸스 콤플렉스를 겪으며 적절한 방어기제를 사용함으로써 콤플렉스를 성공적으로 해결해 나간다. 가장 먼저 사용하는 방어기제는 억압(repression)이다. 남자아이는 어머니에 대한 사랑과 아버지에 대한 적개심을 억압한다. 그다음에 반동형성(reaction formation)을 사용해서 아버지를 부정적으로 인식하는 것을 그만두고 오히려 긍정적으로 인식하려고 노력한다. 그리고 마지막으로 남자아이는 아버지를 동일시(identification)하여 아버지의 태도, 가치, 행동패턴 등을 닮으려고 노력한다(Zastrow et al., 2001).

여자아이는 이 시기에 엘렉트라 콤플렉스(electra complex)를 경험하게 된다. 프로이트는 이 시기에 여자아이는 아버지와 성적으로 사랑에 빠지게 되고, 이 때문에 어머니에게 적개심을 품게 된다고 말한다. 또한 여자아이도 이때 거세불안에 시달린다. 그러나 여자아이의 거세불안은 본질적으로 남자의 불안과는 다르다. 여자아이의 거세불안은 자신에게 남근이 없다는 인식에서 출발한다. 여자아이는 유아기에 자신의 남근이 거세되었다고 믿게 되는데, 그 때문에 어머니를 비난하게 된다. 그리고 남근이 없는 이유로 남자아이들보다 열등하다고 생각하는데, 이를 남근선망(penis envy)이라고 한다. 남근을 선망하면서 여자아이는 자신의 삶에서 해야 할 역할은 남자에게 순종하고 남자를 돕는 것이라고 받아들인다(Zastrow et al., 2001).

이와 같은 과성에서 초자아가 분화되며, 남자아이와 여자아이 모두 외상적 갈등(traumatic conflict)을 성공적으로 해결할 경우 성적 역할의 동일시와 성적 정체감을 가질 수 있게 된다. 성인이 되어서는 성행위를 통하여 이러한 성적 욕망을 해소할 수 있고, 충성심, 효도, 헌신, 낭만적 사랑과 같은 많은 감정을 통하여 표현할 수 있다. 그러나 남근기에 고착이 된 성인 남자의 경우는 대부분 경솔하고, 과장이 심하며, 야심적인 성격을 갖게 된다. 이에 반해 남근기에 고착된 여성의 경우에는 성관계에 있어서 순진하고 결백해 보이지만 난잡하고 유혹적이며 경박한 기질을 보이거나, 자기주장이 아주 강하고 남성을 능가하기 위해 노력하기도 한다(권중돈 외, 2006).

4) 잠재기

잠재기(latency stage)는 오이디프스 콤플렉스와 엘렉트라 콤플렉스가 해결되는 시기에 시작하여 사춘기가 시작되기 전에 끝나게 된다. 약 6세~12세까지를 잠재기로 본다. 이 시기에는 성적인 본능이 상대적으로 약해지며, 사회화과정과 교육, 학습과정에 적극 참여하게 된다(Zastrow et al., 2001). 이 시기에 리비도는 무의식 속에 억압되어 잠복되어 있기 때문에 갈등이나 충동은 일어나지 않는 안정 상태를 유지하게 된다. 무의식 속에 억압된 리비도는 승화되어서 지적 관심, 운동, 동성친구 간의 우정 등으로 전환되게 된다. 특히 신체 발육과 성장에 에너지가 집중되므로 리비도의 본능적 욕구 형태인 성적 관심이 약해진다. 잠재기에 과도한 성적 억압을 하게 되면 수치심, 도덕적 반동형성, 혐오감 등에 빠질 수 있다. 잠복기에 고착이 되면 성인이 되어서도 이성에 대한 정상적 친밀감을 느끼지 못하게 된다. 동성친구 간의 우정에 고착되면 생식기에 도달해도 동성애로 발전할 수 있다. 또한 이성과의 성적 관계를 회피하고 정서적 감정 없이 단지 공격적 방식으로 성적 행동을 한다.

이 시기를 잠재기라고 부르는 이유는 이 시기 아동은 상대방의 성에 대해 무관심하며 상대방의 성에 대하여 흥미를 전혀 보이지 않기 때문이다. 프로이트에 따르면 오이디푸스 콤플렉스나 엘렉트라 콤플렉스에서의 갈등이 억압되고, 엄마를 갖기 위해서 또는 아빠를 가지려고 아빠 또는 엄마를 제거하려는 것이 억압되고, 이러한 것이 문화적으로 받아들여지지 않음으로써 이러한 감정이 있었다는 자체를 부정하기 위해 겉으로 나타나는 것에 무관심하게 행동한다(이종복 외, 2007).

5) 생식기

생식기(genital stage)는 사춘기(약 13세)에서 죽음에 이르는 시기로서 성에 대해 보다 성숙한 자세를 갖게 된다. 이 시기가 되면 인간은 그 어느 때보다 충분한 사랑과 일을 할 수 있게 된다. 생식기는 신체적 성숙이 이루어짐에 따라 진정한 의미에서의 성욕이 나타나는 시기다. 생식기관이 발달하고 성호르몬의 분비가 많아지면서 성적 충동을 현실적으로 수행할 신체적·생리적 능력을 갖추게 되는 시기이다.

제2절 심리사회이론

심리사회이론(psychosocial theory)은 에릭슨에 의해서 체계화된 이론이다. 에릭슨은 자아의 발달과 기능에 큰 관심을 가졌으며, 인간행동의 발달에 있어서 사회적, 문화적 요인을 중요시하였다. 에릭슨은 성숙에 있어서 점성원리(epigenetic principle)에 의해서 지배된다고 본다. 인간은 전 생애에 걸쳐 발달하고 변화한다고 보며, 특

히 청소년기의 자아정체감 확립을 중요시하였다.

에릭슨의 심리사회이론은 각 발달단계(8단계)에 있어서 양극의 대립되는 개념, 즉 심리사회적 위기를 제시하고 있으며, 긍정적 발달이 다음 단계의 발달에 영향을 준다고 본다. 에릭슨 역시 프로이트와 마찬가지로 생애 초기의 경험이 중요하다고 주장한다. 프로이트는 특정 단계에서의 실패를 되돌릴 수 없는 것으로 보지만, 에릭슨은 실패의 수정이 가능하며, 이는 적절한 사랑과 보살핌으로 가능하다고 본다.

〈Erik Homburger Erikson〉

※ 출처: https://ko.wikipedia.org/

1. 심리사회이론의 기본적 개념

에릭슨은 8단계로 이루어진 발달이론을 제시하였으며, 이 이론은 생물학적 성숙과 사회의 요구 간 상호작용의 결과로 성격이 일생동안 어떻게 진화되는가에 중점을 둔다. 그의 이론은 성격발달에 있어서 사회환경의 역할을 강조한다. 8단계는 부분적으로 프로이트가 제시한 심리성적 발달단계에 근거하는데, 각 발달단계마다 사회가 개인에게 어떠한 심리적 요구를 한다고 말한다. 이러한 요구를 '위기'라고 부르며, 각 심리단계에 있어서 개인은 이러한 위기에서 야기되는 스트레스와 갈등에 적응하려고 노력해야 한다. 인간은 각 발달단계에서 특정한 위기를 겪게 되는데, 각 위기에 적절히 적응하면서 다음의 위기에 적응할 수 있는 준비를 하게 된다. 이러한 위기는 각 단계에 있어서 중요한 의미가 있고, 이와 관련이 있는 문제들은 전 생애에 걸쳐 지속적으로 발생한다고 본다(Zastrow, 2002).

또한 에릭슨은 자아를 일생의 신체, 심리, 사회적 발달과정에서 외부 환경에 대처하고 적응하는 과정에서 형성되는 역동적인 힘으로 규정하고 있다. 이러한 자아의 발달과 특성은 다음과 같다(Goldstein, 1984; 권중돈 외, 2006).

① 자아는 개인의 적응능력을 결정하며, 자아기능은 타고나는 것이지만 생리, 심리, 사회적 요인 간의 상호작용을 통해 발달한다.

② 자아는 기본적 욕구의 충족, 타인과의 동일시, 학습, 발달과업의 성취, 효과적 문제해결, 내적 욕구와 환경적 조건, 기대, 스트레스 및 위기에 대처하는 과정에서 지속적으로 발달하게 된다.

③ 자아는 자율적으로 기능할 수 있는 능력을 지니고 있지만, 내적 충동과 내면화된 타인의 기대, 규범들과 관련지어 이해해야 한다.

④ 자아는 개인과 환경 간의 관계를 중재할 뿐 아니라 성격의 다양한 요인들 사이의 내적 갈등을 중재한다.

⑤ 사회환경은 성격을 형성하며, 성공적인 대처능력을 고양시키거나 방해하는 조건을 제공해 준다.

⑥ 자아의 대처능력 결여와 개인의 욕구와 능력이 환경적 조건이나 자원과 합치되지 않을 때, 사회적 기능문제가 발생한다.

2. 심리사회적 발달단계

에릭슨은 전 생애에 걸친 자아발달단계를 제시하였으며, 전 생애에 걸쳐 이루어지는 인간의 발달 과정은 점성원리에 의해 지배된다고 본다. 발달의 점성원리란 인생주기의 각 단계는 각 단계가 우세하게 출현되는 최적의 시간이 있고, 모든 단계가 계획대로 전개될 때 완전한 기능을 하는 성격이 형성될 수 있다는 것이다(권중돈 외, 2006). 각각의 발달단계는 생리적 성숙과 개인에게 부과된 사회적 요구로부터 유발된 심리사회적 위기가 수반되고, 각각의 심리사회적 위기는 긍정적 요소와 부정적 요소를 포함하고 있다. 이는 성숙의 힘에 의해서 지배되는 일련의 발달단계가 있는데, 이러한 단계의 시작을 자극하는 힘을 생물학적 성숙이라고 본다. 그리고 이러한 단계를 이끄는 것은 사회의 요구이며 이 요구가 심리사회적 위기를 낳는다고 본다. 각 단계가 어느 정도는 생물학적으로 결정되나 생물학적 요구 또는 사회환경에 의해 전적으로 결정되는 것은 아니다. 이는 생물학적 요구와 환경 두 측면이 각 단계의 출현에 관계가 있으나 위기의 해결은 전적으로 개인에게 달려 있다는 가정이다. 성격은 이러한 위기가 어떻게 해결되었는지 그 결과에 의해 결정된다(이인정 외, 2000).

1) 1단계: 신뢰감 대 불신

심리사회적 발달단계의 첫 번째 단계는 신뢰감 대 불신(basic trust versus mistrust)으로 출생~약 18개월까지이다. 첫 번째 단계의 심리사회적 위기는 신뢰감 대 불신감이다. 이 시기에 최초로 사회적 관계를 맺게 되는 어머니가 영아의 심리사회적 욕구를 민감하게 알아차리고 적절하게 충족시켜 주면 어머니에 대한 신뢰감을 느끼게 된다. 부모로부터 따뜻하고 애정적인 보살핌을 받게 되면 영아는 자신과 주변에 대해 신뢰감을 형성하지만, 부모로부터 부적절하거나 거부적이거나 일관성이 없는 보호를 받게 되면 불신감을 가지고 인생을 시작하게 된다. 이 시기에 양육자인 어머니가 일관성 있고 스스로 확신 있는 양육태도를 보일 때 영아는 내적 확실성과 외적 예언력을 갖게 되어 자신이 배고프거나 힘들 때 누군가 자신을 돌보아줄 것이고, 지금 당장은 아니라 하더라도 조금 기다리면 해결될 것을 믿게 된다. 이처럼 신뢰가 형성된 아기는 어머니와 떨어져 있어도 불안이나 분노를 표현하지 않고 자신의 욕구가 즉시 만족되지 않더라도 보채지 않고 기다릴 수 있게 된다. 만약 아기에게 이러한 신뢰가 없으면 어머니와 떨어져 있지 않으려 하고 억지로 떨어지게 되면 어머니가 자신을 버릴 것이라는 공포를 느끼게 된다(최옥채 외, 2007).

2) 2단계: 자발성 대 수치와 의심

두 번째 단계는 자발성 대 수치와 의심(autonomy versus shame and doubt)으로 약 18개월~3세까지이다. 자발성 대 수치와 의심은 이 시기의 유아가 경험하는 심리사회적 위기이다. 이 시기의 영유아는 괄약근의 발달로 변의 배설과 보유를 조절할 수 있고 걷거나 움직임이 자유로워지면서 모든 것을 스스로 하겠다고 하는 시기이다. 영유아의 행동양식을 보면 보유와 방출을 들 수 있는데, 보유는 소유하는 것 혹은 보살피는 것이고, 방출은 파괴적인 힘으로 밀쳐 내는 것 혹은 적대적인 해방을 의미한다. 이 시기의 영유아는 자신의 행동주체가 자기 자신이라는 것을 알게 되며 의도적인 행동을 보이기 시작한다. 이러한 의도적인 행동을 통해 자발성을 획득하게 되는데, 걷기, 달리기, 기어오르기 등의 운동능력, 식사, 옷 입기 등의 자조기술 및 배변통제능력이 향상되어 자발적으로 되어 간다(이옥형, 2002; 이근홍, 2006).

두 번째 단계에 있어서 부모가 대소변 가리기를 영유아에게 너무 엄격하게, 그리고 실수에 대해서 비난하게 되면, 영유아는 자기 자신에 대하여 수치심을 느끼게 된다. 영유아가 덜 성숙된 상태에서 외부 통제가 너무 빨리 또는 너무 엄격하게 주어진다면, 영유아는 자신의 통제 능력의 미약함과 더불어 외부압력을 조절할 수 없다는 무능력에 대해 수치심과 의심을 갖게 된다. 또한 부모가 과잉보호하거나 무관심하면 유아는 환경에 적절히 대처할 능력을 배울 수 없게 되어 타인에 대해 수치심을 갖게 되며, 외부 세계와 자신을 통제하는 자신의 능력에 대해 의심을 품게 된다. 이러한 유아는 자신의 의지력을 불신하게 되어 자기의심, 무기력 등과 같은 심리사회적 태도를 갖게 된다(이근홍, 2006).

3) 3단계: 주도성 대 죄의식

세 번째 단계는 주도성 대 죄의식(initiative versus guilt)으로 약 3세~6세까지이다. 이 시기의 위기는 놀이, 탐구, 시도 및 실패, 장난감을 사용한 연습 등의 결과와 부모가 유아의 주도적 행동에 어떻게 반응해 주는가에 달려 있다. 이 시기의 유아는 신체적 놀이와 가상의 세계에서 부모나 다른 성인의 역할을 가정한 정신적 놀이를 하게 되는데, 이러한 놀이를 통해 성인을 모방하고 성인처럼 되는 것이 어떤 것인지를 알게 되고, 이러한 경험을 통해서 자신이 한 인간으로서의 목적이 있다는 것을 깨닫게 된다. 그러면서 유아는 계획을 세우고, 목표를 설정하며 이를 달성하려고 노력하는 주도성이 생긴다. 이 시기에 부모가 유아 스스로 환경을 탐색하고 스스로 행동할 수 있도록 격려해 주면, 유아는 주도성을 형성하게 되고, 부모가 유아 스스로 어떤 일을 완수하도록 기회를 부여하지 않고 꾸지람을 하게 되면 유아는 죄의식을 갖게 된다(이종복 외, 2007; 권중돈 외, 2006).

이 시기의 심리사회적 위기를 성공적으로 극복하게 되면, 유아는 목적의식을 발전시키게 되며, 과도하게 방해받게 되면 목표달성에 대한 의지와 용기가 부족하게 되고, 생각과 표현의 자유를 방해하는 억제가 강하게 나타나게 된다(권중돈 외, 2006).

4) 4단계: 근면성 대 열등감

네 번째 단계는 근면성 대 열등감(industriousness versus inferiority)으로 약 6세~12세까지이다. 이 시기의 아동이 성취해야 할 중요한 과업으로는 인지적, 사회적 기술을 숙달하는 것이다. 아동은 기술을 쌓고 의미 있는 일을 성취하기 위해 열정적으로 참여하고 그 과업을 성취하기 위해 노력하는 경우 근면성이 발달하게 된다. 그러나 아동이 자신의 기술이나 지위가 다른 아동에 비해 열등하다고 느끼거나, 무엇을 성취할 기회를 주지 않거나, 성취한 결과에 대해 비난하거나, 무리한 요구를 하여 좌절을 경험하게 하거나, 귀찮은 존재로 취급하게 되면 열등감이 커지게 된다(이근홍, 2006).

에릭슨은 근면성 대 열등감의 위기가 긍정적으로 극복되었을 경우 유능성(competency)을, 부정적으로 해결되었을 경우에는 생산적 작업을 방해하는 사고와 행동의 마비를 의미하는 비활동성(inert)이라는 결과를 낳게 된다고 한다. 근면성의 획득은 과업에 대한 성실성을 기초로 하여 이후 학교생활의 적응, 학업성취, 개인의 일과 의무에 대한 기본적인 태도 등을 형성하게 된다(권중돈 외, 2006; 이근홍, 2006).

5) 5단계: 정체감 대 정체감 혼란

다섯 번째 단계는 정체감 대 정체감 혼란(identity versus identity confusion)으로 약 12세~22세까지이다. 이 시기의 청소년들은 사춘기가 되면서 자아정체감 형성을 위한 노력을 하게 된다. 자아정체감이란 자기 자신의 독특성에 대한 비교적 안정된 느낌으로 내가 누구인가를 아는 것이며, 이는 타인이 나를 보는 방식과 일관성이 있어야 한다. 에릭슨은 사춘기 동안의 급격한 신체적 변화는 정체감의 혼란을 가져오며 너무나 급격한 성장과 자신 앞에 놓인 무한한 가능성 때문에 오히려 압도당하게 된다고 한다(최옥채 외, 2007). 이 시기의 청소년이 자신의 역할을 정확히 인식하고, 뚜렷한 목적의식을 가지며, 자신에 대한 통찰력을 갖게 되면 자아정체감이 확립된다. 이 시기에 청소년이 자아정체감을 확립하기 위해서는 자기 자신이 내적 동일성과 일관성을 가진 것으로 지각해야 하며, 다른 사람이 자기를 동일성과 일관성이 있는 사람으로 지각해야 하고, 이러한 일관성에 대한 결과적 자신감이 있어야 한다. 자아정체감이란 자기 동일성과 일관성에 대한 지각, 자신의 위치, 능력, 역할 및 책임에 대한 인식을 말한다. 이는 장래의 진로와 직업 선택, 배우자 선택, 인생관 확립 등에 중요한 역할을 한다. 정체감 대 정체감 혼란의 갈등이 성공적으로 해결되면 심리사회적 능력 또는 충성심을 갖게 된다(이근홍, 2006).

6) 6단계: 친밀감 대 고립감

여섯 번째 단계는 친밀감 대 고립감(intimacy versus isolation)으로 약 22세~34세까지이다. 이 시기에는 주요 관계의 범위가 친구나 애인으로까지 확대되며, 사랑은 이 단계에서 나타나는 자아특질이다(권중돈 외, 2006). 이 시기에는 배우자를 선택하여 결혼하며, 직업을 선택하여 정력적으로 일을 하는 시기이다. 또한 다른 사람과 더불어 성적 친밀감은 물론 사회적 친밀감을 가져야 한다. 친밀감이란 자신에 대한 친밀감을 포함하여 친구, 배우자, 형제자매, 부모, 친척, 동료 등과 밀접한 관계를 형성하는 것을 말한다(이근홍, 2006).

이 여섯 번째 단계에서 친밀감을 형성하지 못한 사람들에게는 고립감이 나타난다. 이러한 사람들은 사회적 관계를 회피하며, 다른 사람을 거절하고, 친밀감을 나타내는 것이 자신의 자아정체감에 대한 위협으로 보이기 때문에 친밀감을 두려워하고 혼자 지내기를 좋아하게 된다(권중돈 외, 2006; 이근홍, 2006).

7) 7단계: 생산성 대 침체

일곱 번째 단계는 생산성 대 침체(generativity versus stagnation)로 약 34세~65세까지이다. 이 시기에는 자녀를 출산하고 양육하는 것 이외에, 학생, 동료 또는 친구를 잘 보호하고, 직업이나 여가활동에도 참여하게 된다. 즉, 이 단계에서는 자녀를 낳아 교육하며, 사회적 전통을 전수하고 가치관을 전달하는 부모로서의 역할이 생산성을 획득하게 하며, 사회적으로는 직장에서 다음 세대를 지도하고 양성하는데 관심과 노력을 기울이며, 창의적인 학문적 성취, 기술적 생산품, 예술적 업적 등을 통해서도 생산성을 획득하게 된다(권중돈 외, 2006; 이근홍, 2006).

그러나 생산성을 제대로 획득하지 못하면 침체가 형성되는데, 타인을 충분히 보호하고 그들에게 관심을 기울이지 못하게 될 경우 부정적 자아특질인 거부(rejectivity) 또는 권위주의(authoritism)가 형성된다. 이러한 사람은 개인적 욕구충족과 안위가 주된 관심사이며, 자기탐닉을 위한 것을 제외하고는 누구에게도 관여하지 않고 보호를 하지 않는다. 이와 같은 사람은 사회적 일원으로서 기능을 다 하지 못하고, 자기 자신의 욕구만 충족시키기 위해 살아가므로 인간관계는 황폐화되고, 인생의 절망과 무의미함을 느끼게 된다(권중돈 외, 2006).

8) 8단계: 통합 대 절망

여덟 번째 단계는 통합 대 절망(integrity versus despair)으로 약 65세~사망까지이다.

이 시기의 노인은 지금까지 살아온 삶을 돌아보는 시기이다. 노인들은 더 이상 자신이 사회에 필요한 존재가 아니며, 젊었을 때처럼 활동할 수 없다는 사실을 인식하면서 자아통합이라는 과업에 직면하게 된다. 자신의 생애를 돌아보며, 나의 인생은 가치가 있었다고 인식하고 인생의 지혜를 획득하게 되면 자아통합을 하게된다. 그러나 이 시기에 은퇴 후 신체적, 경제적 무기력감을 느끼며, 자신의 인생이 무의미하고 가치가 없다고 생각하고 후회에 빠지게 되면 절망을 느끼게 된다. 이러한 절망을 감추기 위해 다른 사람의 잘못과 말썽을 참지 못하고 사소한 일에도 쉽게 혐오를 느끼게 되는데, 사실 이러한 혐오는 스스로에 대한 경멸의 의미이다.

이 시기의 심리사회적 위기를 잘 극복하면 자아는 삶에 대한 적극적 관심과 지혜(wisdom)라는 특질을 얻게 되지만 위기를 적절히 극복하지 못하면 나약함, 즉 자신에 대한 경멸(disdain)을 경험하게 된다(최옥채 외, 2007).

제3절 행동주의이론

1. 파블로프의 고전적 조건형성

1) 고전적 조건형성

고전적 조건형성은 러시아의 생리학자인 파블로프에 의해 주장되었으며, 처음에는 조건반사이론으로 알려졌으나 후에는 고전적 조건형성이론이라고 명명되었다(이종복 외, 2007).

파블로프는 생리학자로서 원래 개의 소화기관에 관심을 가지고 소화액 분비에 관한 실험을 하였다. 이 실험에서 개에게 음식을 주는 시간을 알리기 위해 종을 쳤는데, 개가 종소리만 듣고도 침을 흘리는 현상을 발견하게 된다. 그의 실험은 개의 움직임이나 방안의 온도 또는 소음이 개의 행동에 영향을 미치지 못하게 온도와 조명이 일정한 방음실에서 진행되었으며, 개의 턱밑에 있는 귀밑샘의 관이 밖으로 나올 수 있도록 구멍을 뚫어 침이 나올 때 이를 모아 침의 양을 측정하도록 하였다.

〈Ivan P. Pavlov〉

※ 출처: https://ko.wikipedia.org/

이 실험은 먼저 종소리를 울리고 수초 뒤에 소량의 고기를 주었는데, 공복의 개에게 하루 5~10회씩 계속하여 3~30초씩 종소리를 들려주면서 수초 뒤에 고기를 주었다. 이후 개는 종소리만 듣고서도 침을 흘리게 되었다. 파블로프는 개에 대한 실험에서 개에게 무조건자극(고기: unconditioned stimulus, UCS)을 주었을 때 무조건반응(침 흘림: unconditioned response, UCR)이 나타났다(이유는 개들이 음식물을 보면 자연스럽게 침을 흘리기 때문). 파블로프는 반복적인 실험으로 종소리와 고기를 연결시켜 나중에는 종소리(조건자극: conditioned stimulus)만 울려도 조건반응(종소리를 듣고 개가 침을 흘림: conditioned response, CR)을 나타내어 종소리가 조건반응이 되었다는 것을 발견하게 되었다. 종소리는 원래 개의 침과 관계가 없는 중성자극(neutral stimulus)이기 때문에 종소리에 개가 침을 흘리지는 않는다. 그러나 중성자극을 일차적인 유발자극과 연결시켜 개에게 투입함으로써 중성자극에도 침을 분비하는 반응이 유발되게 된다(조건자극: conditioned stimulus; CS).

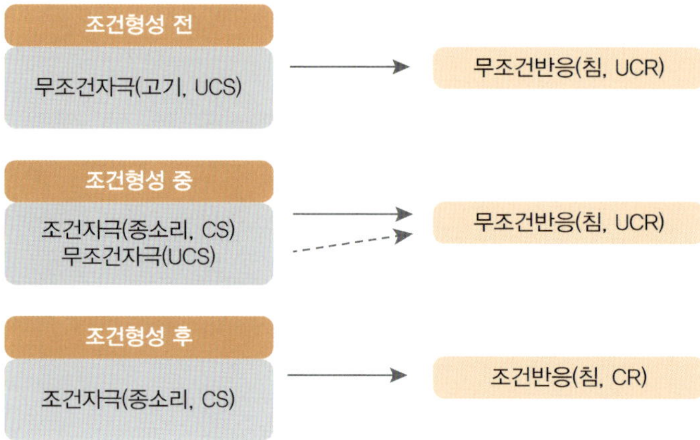

그림 2-2 고전적 조건형성 과정

조건반응이 형성되려면 무조건자극(UCS)과 조건자극(CS)이 짝지어지는 횟수와 두 자극 간의 시간적 간격이 중요하다. 조건자극과 무조건자극이 짝지어지는 횟수가 증가할수록 일정한 반응의 강도가 급속도로 증가하게 되는데, 그 횟수가 더욱 많아짐에 따라 증가하는 속도가 점차 줄어들고 어느 수준에 이르면 증가를 멈추게 된다(이종복 외, 2007).

(1) 소거

조건화된 자극은 한 번 확립이 되면 계속 작용하는 것은 아니며, 조건형성이 이루어진 후에 무조건자극만 반복해서 제시하면 조건반응이 약해지게 되어 소멸이 되는데 이를 소거(extinction)라고 한다.

즉, 고전적 조건화(classical conditioning)의 초기에는 조건자극에 대해서 조건반응이 일어나지 않으나 무조건자극에 이어 주어지는 무조건자극을 연관시키는 강화(reinforcement)를 여러 차례 시켜 주면 조건반응이 획득(acquisition)되는데, 획득된 조건형성은 영원히 계속되는 것은 아니다. 예를 들면, 개에게 종소리만으로 침이 분비되도록 훈련을 시킨 후, 조건자극인 종소리만을 3분 간격으로 6번 쳐주었는데 6번째에는 침을 분비하지 않아 획득된 조건반응이 사라지게 되었다(이종복 외, 2007).

(2) 일반화

특정한 자극에 의해 조건형성이 성립되면 유사한 자극에 대해서도 조건반응이 일어날 수 있다. 이를 일반화(generalization)라 한다. 즉, 특정한 종소리가 조건자극으로 사용되었다면, 이와 유사한 종소리에도 개가 침을 흘리는 반응을 나타낼 수 있다.

(3) 변별

변별(discrimination)이라는 것은, 예를 들면, 한 음조의 소리에만 국한하여 음식을 주어 강화시켜 주고, 다른 음조에는 음식을 주지 않으면 강화시켜 준 음조에만 침을 흘리는 반응이 나타나게 되는데 이러한 현상을 변별이라고 한다. 파블로프의 연구에 있어서 변별자극의 유사성이 높을 경우 동물은 신경증적인 반응을 보였다. 이러한 연구 결과는 신경증의 한 모델로서 가치를 갖게 되었으며, 행동치료방법의 개발의 기초가 되었다(전용호, 2008).

(4) 고차적 조건형성

조건화가 형성된 후에 조건자극을 무조건자극으로 하고 조건반응을 무조건반응으로 하여 또 다른 조건반응을 형성할 수 있다. 이를 이차적 조건형성(secondary conditioning)이라고 한다. 이러한 방식으로 제3, 제4의 조건자극을 만들어 낼 때, 이러한 절차로 이루어진 형성을 고차적 조건형성(higher-order conditioning)이라고 한다(이종복 외, 2007). 개의 경우에는 3차 조건형성(tertiary conditioning)도 가능하나 그 이상은 불가능하였다. 그러나 인간의 경우에는 3차 이상의 고차적인 조건형성도 가능하다고 한다(전용호, 2008).

2. 행동주의 학습이론

1) 조작적 조건화

〈Skinner, Burrhus Frederic〉

※ 출처: https://ko.wikipedia.org/

조작적 조건화(operant conditioning)는 학습에 있어서 행동의 결과와 반복의 역할을 강조하며, 학습의 과정에서의 행동은 긍정적인 결과가 뒤따를 때 강화되고, 부정적인 결과가 뒤따를 때 약화된다(김선아 외, 2006). 스키너는 도구적 조건화 또는 조작적 조건화에 의해 습득된 행동을 조작적 행동이라고 한다. 사람은 환경적 자극과 행동 간의 관계를 만드는 능력을 발전시키고, 강화는 시간이 지날수록 행동을 유지시키는 수단이 된다(최옥채 외, 2007).

- 스키너의 실험: 스키너는 스키너 상자(Skinner box)라고 부르는 실험상자를 만들어 실험을 하였다. 이 상자 안에는 철망마루, 전구, 지렛대, 먹이통을 갖추고 있다. 실험동물이 지렛대를 누르게 되면 먹이가 먹이통에서 나오게 되어 있고, 실험자가 조작이 가능한 전구가 부착되어 있다. 스키너는 실험에서 쥐를 스키너 상자에 넣고 마음대로 움직일 수 있도록 하였다. 쥐가 처음에는 여기저기 움직이다가 우연히 지렛대를 누르게 되고 먹이가 나오자 이러한 행동을 거듭하면서 지렛대를 누르는 횟수가 증가하게 되었다. 스키너의 실험을 통해서 유기체는 스스로 어떠한 행동을 하고, 그 행동의 결과가 긍정적일 때 이후에도 그와 같은 행동을 할 확률이 높아진다는 것을 알 수 있다(김선아 외, 2006). 쥐가 이러한 행동을 통하여 환경에 스스로 작용함으로써 결과를 생성해내는 것을 조작(operant)이라고 하였고, 이와 같은 절차가 학습되는 과정을 조작적 조건형성(operant conditioning)이라고 한다(이종복 외, 2007).

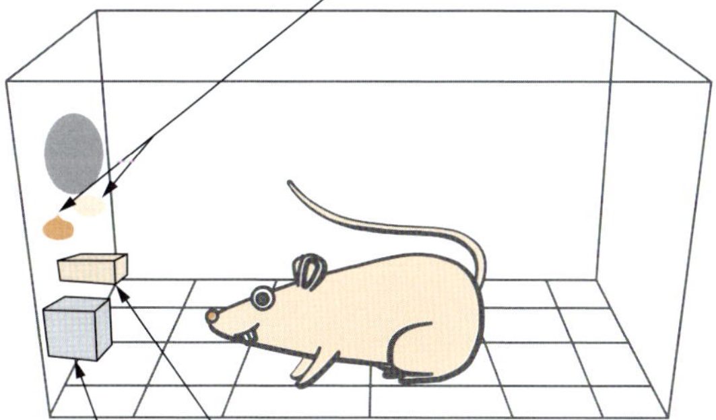

그림 2-3 스키너 상자

2) 강화

강화(reinforcement)라는 것은 이전 행동의 빈도를 늘리는 것을 말한다. 특정 행동을 자주 하는 경우 특정 행동의 빈도를 유지하는 것을 강화라고 한다. 강화는 긍정적 강화(positive reinforcement)와 부정적 강화(negative reinforcement)로 나누어서 볼 수 있다. 긍정적 강화는 특정 행동 뒤에 그 행동을 강화하는 긍정적인 사건이나 결과를 말하며, 부정적 강화는 특정 행동의 빈도를 증가시키는 부정적 사건이나 결과를 제거하는 것을 말한다.

긍정적 강화물에는 음식, 돈, 칭찬과 같은 것이 있으며, 이는 어떠한 행동이 있은 후에 곧바로 제공되기도 한다. 예를 들면, 자기 방을 깨끗이 청소한 아들에게 엄마가 칭찬을 하거나 아이에게 필요한 용돈을 주는 경우를 들 수 있다. 이러한 긍정적 강화를 받은 아이는 이후에도 긍정적 강화물을 받으려 할 것이다(최옥채 외, 2007). 부정적 강화는 불쾌한 경험으로부터 회피할 수 있게 하는 것을 말한다. 예를 들면, 숙제를 해 오면 화장실 청소를 시키지 않는다거나 지각을 하지 않으면 운동장을 몇 바퀴 돌지 않게 하는 것 등을 들 수 있으며, 부정적 강화물은 어떠한 행동이 일어난 직후에 제거했을 때 그 행동이 점차 일어날 확률을 높이게 된다(이종복 외, 2007).

① 일차적 강화물(primary reinforcers): 일차적 강화물이란 음식, 물, 따뜻함 등과 같은 무조건자극으로서 학습이 필요하지 않은 것을 말한다.

② 이차적 강화물(secondary reinforcers): 이차적 강화물은 조건적인 역사를 통하여 학습되고 개발된다. 이차적 강화물로서는 돈, 관심, 칭찬, 애정 등을 들 수 있으며 인간행동을 형성하는 데 매우 중요하다(최옥채 외, 2007).

3) 벌

벌(punishment)은 혐오적인 사건을 표현하거나 긍정적 강화물을 제거하는 것으로 특정한 행동의 빈도를 감소시키는 결과를 가져오게 한다. 벌의 결과는 특정한 행동의 빈도를 감소시키고, 특정한 행동의 빈도를 증가하는 부정적 강화와는 반대이다. 예로서 엉덩이를 때리거나 야단치는 것 등을 들 수 있다. 벌의 효력을 극대화하려면 다음과 같이 하는 것이 좋다(이종복 외, 2007).

① 벌을 받아야 할 특정한 행동이 일어날 때마다 반드시 주어야 한다.

② 벌을 받는 행동이 비슷한 시기에 보상을 받으면 안 된다.

③ 벌의 효과가 오래 지속되려면 벌이 아주 강한 것이어야 한다.

④ 벌을 받을 만한 행동이 일어났을 때 가능한 한 즉시 주어야 한다.

4) 강화계획

강화는 행동을 조성하는 것 이상의 역할을 하는데, 형성된 행동을 유지하기도 하고, 또한 어떠한 행동이 있을 때마다 강화를 받게 되면 이를 연속적 강화라고 말한다. 연속적으로 강화되어 유지된 행동은 더 이상의 강화가 제공되지 않을 경우 빨리 사라지게 된다. 그렇지만 강화계획에 의해 유지되는 행동은 소거에 오랜 시간이 걸린다. 강화계획이란 특정 패턴 혹은 규칙을 말한다. 특정한 행동이 방출될 때마다 항상 강화가 주어지지 않을 경우 이를 간헐적 강화계획이라 말하며, 이러한 강화계획에 의해 유지되는 행동은 연속적 강화계획에 유지되는 행동보다 소거에 대한 저항력이 크다(이종복 외, 2007). 강화는 다음의 네 가지 유형이 있다(전용호, 2008).

(1) 고정적 강화

처음에 보상을 받은 후 일정 시간마다 그 보상이 주어지는 경우를 고정적 강화(fixed interval reinforcement)라 하며, 일단 경험이 획득되고 나면 일정 기간마다 반응을 중단하며 다음에 강화가 나타날 시점에 가서야 그 반응을 보이게 된다.

(2) 고정비율 강화

고정비율 강화(fixed ratio reinforcement)는 일정 수의 반응을 나타낼 때마다 강화를 받게 된다. 처음에는 이 경우 아주 열심히 반응을 보이지만 보상을 받고 나면 곧 반응이 중단된다. 특히 보상을 얻는 데 많은 반응이 요구되는 경우에는 그 반응률이 떨어진다.

(3) 변동간격 강화

변동간격 강화(variable interval reinforcement)는 평균적으로 볼 때 일정시간 후 강화가 주어지는 것이지만 그 간격은 일정하지 않다.

(4) 변동비율 강화(variable ratio reinforcement)

변동비율 강화(variable ratio reinforcement)는 강화가 반응의 빈도를 기준으로 주어지나 그 빈도의 기준은 불규칙하다. 이러한 변동 방법을 사용하면 높은 반응을 보이며 일단 학습되면 소거시키기도 아주 힘들게 된다. 이것을 부분 강화 효과라고 부른다.

제4절 사회학습이론

〈Albert Bandura〉

※ 출처: https://ko.wikipedia.org/

반두라의 사회학습이론은 사람들이 사회적 상황에서 다른 사람의 행동을 관찰하고 그 행동을 학습한다고 본다. 또한 사회학습이론은 관찰학습(observational learning)에 초점을 두는데 이는 타인의 행동을 관찰하고 그 행동을 습득하는 것이며 그 행동을 보여주는 대상을 모델이라고 한다. 관찰된 모델의 내용은 모두 행동에 옮기지는 않는데, 학습과 수행(performance)을 구분하게 된다. 반두라는 사회학습이론에 있어서 주요한 업적과 행동수정, 공격성이론의 개척자로 인정받고 있다.

1. 주요 개념

반두라의 사회학습이론에 있어서 사회적 상황에서 많은 것들을 학습하게 되는데, 이러한 개념을 모델링(modeling)이라 하며, 모델링에는 세 가지 유형이 있다. 첫째는 모방이며, 둘째는 관찰학습, 셋째는 대리학습이다.

1) 모델링

모방은 아동이 사회화과정에서 성인을 흉내냄으로써 얻어지는 것으로 인식 없이 자동적으로 이루어진다. 관찰학습은 사회적 상황 속에서 사람들의 행동을 관찰하면서 행동을 습득하는 과정을 말한다. 관찰학습은 주의집중과정(attentional process), 기억과정(retention process), 운동재생과정(motor reproduction process), 동기적 과정(motivational processes)으로 나누어서 볼 수 있다. 또한 대리학습은 타인이 새로운 행동을 시작할 때 어떠한 어떤 결과가 나타나는지 봄으로써 자기 자신의 행동결과를 예측하는 것을 말한다.

2) 관찰학습의 과정

관찰학습은 다음의 네 과정으로 나누어서 볼 수 있으며, 순차적으로 진행된다.

(1) 주의집중과정

관찰학습의 첫 단계는 주의집중으로, 사람은 모델을 관찰하는 것만으로는 불충분하므로 모델링을 하는 과정에서 관련된 자극에 주의를 기울이고 관찰된 행동을 배우면서 중요하지 않은 것은 제외시키게 된다. 아이들은 주변 사람들을 관찰하고, 그 행동 중 어떠한 것을 선택하기로 결정한다. 특히 사춘기의 청소년들은 인기 스타의 행동이나 인상 등을 관찰하고 그중에서 자신이 선호하는 행동양식을 선택하여 학습하는 경향이 있다.

(2) 기억과정

기억과정은 관찰된 내용을 기억하는 과정이다. 모델의 내용을 장기간 기억하지 못하면 행동의 변화가 일어나지 않으므로 모델의 행동을 상징적 형태로 기억하여야 한다. 모델의 행동을 기억하고 행동으로 전환하는 수단으로는 다음의 두 가지의 내적표상체계(internal representational system)가 있다(임은희, 2005).

- 심상: 사람이 어떠한 모델을 관찰할 때 그는 감각조건화(sensory conditioning)과정을 통해 관찰된 것을 비교적 지속적이고 용이하게 상기시킬 수 있는 심상(image)으로 만들게 되며, 심상이 형성되면 이전에 관찰된 사건들에 대한 어떤 준거를 통해 즉각적으로 생생한 물리적 자극이나 영상으로 기억하게 된다.

- 언어: 모델이 하는 행동을 언어로 기억하는 것을 말하며, 모델의 행동을 마음속에서 말로 암송하거나 예행연습을 할 수 있는데, 이러한 것은 사람들의 회상을 증진시켜 줄 수 있다.

3) 운동재생과정

운동재생과정은 기억을 행동으로 전환하는 것을 말한다. 이 과정에서 심상에 저장되어 있거나 상징적으로 부호화된 기억을 행동으로 전환한다. 반두라는 운동재생과정에서 높은 수준의 운동재생능력이 요구되며, 관찰자가 모델의 행동을 학습하기 위해서는 일정 기간의 인지적 연습(cognitive rehearsal)이 필요하다고 한다. 관찰자는 모델링에서 획득한 기억을 자기의 행동과 비교해 보는 연습과정을 거치게 되며, 만약 자신의 행동과 모델의 행동에 대한 기억 사이에 차이가 있음을 알게 되면 교정을 하게 된다. 이러한 과정은 관찰자의 행동과 모델의 행동이 서로 합치될 때까지 반복하게 된다.

4) 동기적 과정

동기적 과정은 관찰학습 과정의 결과를 유지하기 위해서 필요하며, 충분한 인센티브나 동기가 없이는 행동을 수행하지 않는다. 이 과정은 강화를 통해서 행동의 동기를 높여 주는 과정이며, 관찰을 통해서 학습된 행동은 그 행동이 강화를 받을 때에는 지속적으로 일어나지만, 그 행동에 있어서 벌을 받게 된다면 그 행동은 더 일어나지 않을 것이다. 반두라는 아이가 다른 사람들을 관찰하거나 실제로 그 행동을 수행함으로써 최대의 보상을 얻을 수 있는 것을 배우고, 또한 행동은 자신의 내면화된 수행의 수준과 자기 효능감에 관한 지각에 의하여 결정되는 예상적 자기 반응에 의해서도 영향을 받는다(최순남, 1998).

제5절 인지발달이론

〈Jean Piaget〉

※ 출처: https://ko.wikipedia.org/

인지(cognition)란 정보를 받아들이고, 처리하고, 저장하고, 회상하는 능력을 말한다. 즉, 인지란 배우고 생각하는 능력을 말한다. 피아제는 인간이 유아기에서 성인기로 성장하는 과정에서 다양한 단계를 거치면서 생각하고 배우는 능력을 갖추게 된다고 한다. 인간이 인지능력 또는 사고능력을 발달하기 위해 반드시 거쳐야 하는 단계가 있는데, 피아제는 이에 관심을 가졌으며, 그의 아이들이 성장하고 발달하는 과정을 관찰하면서 인지이론을 완성하게 되었다. 인지의 개념 속에는 지적 과정, 지각, 기억, 지능, 학습, 회상, 상상, 추리, 판단능력, 문제해결 등 일련의 정신과정이 포함되며, 인간의 심리과정을 이해하는 데 매우 중요하다.

피아제는 모든 인간은 똑같은 방법으로 생각하는 방법을 배운다고 가정한다. 유아기와 아동기 초기에는 생각하는 것이 매우 기본적이고 구체적이다. 그러나 성장하면서 사고는 더욱 복잡해지고 추상화된다(Zastrow, 2002).

1. 인지이론의 기본적 개념

인지이론에서는 인간을 주관적인 존재로 규정하고 있으며, 이 세상에는 객관적 현실이란 존재하지 않고 각 개인이 나름대로의 의미를 부여한 주관적인 현실만이 존재한다고 본다. 그는 인간의 본성에 대해서는 비결정론적 시각을 가지고 있다. 즉, 인간은 유전적 요인에 의해서 결정되는 존재가 아니라, 환경적 영향도 받지만 이러한 환경적 자극을 능동적으로 중재하고 재구성할 수 있는 능력이 있으며, 지속적으로 성장·발달할 수 있는 잠재력을 지닌다고 본다. 그는 인간의 인지는 환경과의 상호작용을 통하여 변화하고 발달한다고 보며, 이러한 상호작용에서 인간의 능동적 역할을 중시하고 있다.

피아제의 인지이론에 있어서 기본적 가정은 다음과 같다(권중돈 외, 2006).

① 일생을 통하여 인지적 성장과 변화가 이루어진다.

② 특정 연령에서 각 개인은 특정 영역의 인지적 유능성(지능, 문제해결능력, 의사결정)은 개인이 기능하는 맥락에 따라 차이가 있다.

③ 인지(지식, 사고, 문제해결 등)는 개인이 환경적 사건에 노출된 결과일 뿐 아니라 개인이 이러한 사건의 의미를 능동적으로 구성한 결과이다.

④ 개인은 환경적 사건을 인지적으로 표상하고 이에 따라 행동한다. 개인이 어느 사건의 어떤 측면에 선택적으로 주의를 기울이며, 어떤 의미를 부여하는가에 따라 행동은 달라진다.

⑤ 사고, 감정, 행동과 그 결과는 원인적으로 관련성을 지니고 있다.

⑥ 자신에 대한 사고를 포함한 인지적 표상은 사회적 기능과 정서적 안녕에 영향을 미치며, 변화가 가능하다.

⑦ 인지변화는 행동변화에 영향을 미친다.

2. 인지이론의 주요 개념

1) 도식

도식(scheme)은 인간이 인지발달 수준에 따라 자신의 경험적 활동에 의해서 조직화한 행동양식을 말한다. 도식은 인간이 주변 세계를 이해하고 그것에 대해 생각하는 이해의 틀이다. 영아는 태어나자마자 빨기, 보기, 잡기 등 반사적 잠재력을 갖고 환경과 상호작용을 통해 자신의 인지구조를 구성해 나간다. 이를 피아제는 도식이라고 불렀다. 도식은 변화하는 인지발달의 구조로서 생리적으로 갖고 태어나는 것이 아니라 환경과 접촉하면서 반복되는 행동과 경험을 통하여 형성되는 것이다.

인간의 첫 도식은 '빨기 도식'이며, 유아는 배가 고프지 않아도 입에 닿는 모든 것을 빨아 댄다. 이후 자라면서 빠는 것 이외에 '쥐기', '보기' 따위의 도식이 합쳐지면서 유아의 행동은 점점 다양해진다. 인간은 어떠한 도식을 갖게 되면 그것을 능동적으로 사용하려는 욕구가 생기며, 이러한 도식은 동화를 거쳐 새로운 도식에 대한 조절을 하고, 다시 새로운 도식에 외부세계를 동화하는 순환적 과정을 거쳐 점차 분화·통합된다(최옥채 외, 2007).

2) 동화

동화(assimilation)란 새로운 사물이나 사건을 이미 자신이 가지고 있는 이해의 틀(도식)에 맞추어 해석하고 받아들이는 인지과정을 말한다. 동화는 개인의 새로운 경험을 기존의 도식 또는 인지구조에 통합시키는 과정이며, 기존 도식의 관점에서 새로운 경험을 해석하는 것이다(임은희, 2005). 예를 들어, 유아에게 개의 그림을 보여주면서 '멍멍이'라고 가르쳐 주었다. 이후 유아는 고양이, 소, 말 등 네발 달린 짐승을 보면 모두 '멍멍이'라고 부르게 된다. 인간은 새로운 환경이나 사건에 노출되었을 때, 그에 대한 정보를 의식 수준에서 받아들이는 것뿐 아니라 자신의 사고방식으로 통합을 한다. 그 정보는 어떠한 형태로든 저장이 되며, 이는 후에 어떠한 문제를 해결하는 상황에서 다시 사용하게 된다.

3) 조절

조절(accommodation)이란 기존의 도식으로서는 새로운 사물을 이해할 수 없을 때 기존의 도식을 변경하는 것을 말한다. 유아가 새로운 자극을 만나면 그것을 이미 갖고 있는 도식에 끌어들여 동화시키려고 한다. 그러나 때때로 자극을 동화할 수 있는 적절한 도식을 갖고 있지 않기 때문에 새로운 자극이 갖고 있는 특성과 기존 도식의 특성 간의 거리가 멀어서 동화시키지 못할 수가 있다. 이러한 때 바로 인지적 구조의 변화를 가져오게 하는 인지과정이 필요하다. 새로운 자극을 받아들일 수 있는 새로운 도식을 만들든지, 아니면 새로운 자극에 알맞은 이미 가지고 있는 도식을 변형하는 일이 필요한데 이것이 바로 조절이라고 부른다. 조절은 새로운 자극에 알맞게 스스로 도식을 바꾸거나 새로 만들어 내는 것이다(이종복 외, 2007). 예를 들면, 한 아이가 사자를 보고서 고양이라고 말할 때, 그것이 고양이가 아니라 사자라고 말해 줌으로써 그 아이는 잘못을 바로잡는데, 이때 아이는 사자라는 새로운 도식을 만들어내게 된다.

4) 평형

평형(equilibration)은 동화와 조절의 상호작용의 조화를 통하여 유기체가 자신과 환경 간의 균형 상태를 이루는 것을 말한다. 예를 들어, 어느 한 아이가 새로운 사건을 경험하게 되면, 기존의 도식과 일치하지 않는 경우 비평형의 상태가 일어나게 된다. 비평형 상태는 언제나 갈등과 긴장을 유발한다. 이런 경우 인지적 조화를 유지하기 위해 평형의 과정이 일어나는데, 이는 동화와 조절의 적응과정을 통해 이루어진다. 평형은 피아제의 중심동기적 요인이며, 적응과 조직화의 과정을 통해 인지적 성장을 활성화시키기 때문이다(이종복 외, 2007).

3. 인지발달단계

1) 감각운동기

이 단계는 출생~약 2세까지이다. 이 시기는 영아가 자신의 감각과 운동을 사용하여 주변의 사물에 대한 지식을 얻으므로 감각운동기(sensorimotor period)라고 한다.

영아는 원초적인 반사행동을 하다가 손가락 빨기와 같은 자발적 행동을 거쳐 사물을 조작할 수 있게 되고 마침내 목표지향적 행동을 하게 된다(이종복 외, 2007).

피아제의 인지발달이론에 있어서 모든 지식은 동화(assimilation)와 조절(accommodation)이라는 상호보완적이고 동시적인 정신과정의 산물이라고 본다. 동화는 환경으로부터 정보를 수집하여 자신의 현존하는 사고방식에 통합시키는 것이다. 조절은 외적 사건과 대상의 실질적 속성을 고려하고 그 속성에 맞게 자신을 조절해 나가는 것을 말한다. 즉, 성장이란 새로운 상황에 동화 또는 조절을 통해 환경에 적응해 나아가는 것을 말한다(권중돈 외, 2006).

2) 전조작기

전조작기(pre-operational period) 단계는 약 2세~7세까지이다. 이 시기는 유아가 감각운동적 인지구조에서 조작적 인지구조로 전환되는 과도기이다. 유아가 언어와 같은 상징적인 것을 사용하기 시작하면서 사고에 있어서 큰 진전을 이루를 시기이나, 사고가 직관적이어서 효율적인 논리를 사용할 수 없다. 이 단계는 조작적 인지구조로 전환되는 과도기로서 상징적 사고가 시작되는 것을 알 수 있다.

조작(operation)이란 수, 액체, 질량의 보존개념을 논리적으로 이해하는 것을 말한다. 즉, 유아에게 같은 양이 들은 두 컵의 우유를 보여 준다. 보는 앞에서 한 컵의 우유를 폭이 넓은 다른 컵으로 옮겼을 때 그 양은 같다. 이러한 사실을 논리적으로 이해하는 것을 말한다. 조작에는 더 붓거나 덜지 않았으므로 양이 같다는 동일성의 개념과 한 컵은 길지만 대신 한 컵은 넓다는 보상의 개념 그리고 이것을 전의 컵에 비우면 이전과 같을 수 있다는 역조작의 개념을 포함한다. 이러한 조작이 아직 되지 않는 시기를 전조작기라고 부른다(이종복 외, 2007).

(1) 보존개념

보존개념(conservation)은 어떠한 대상이 외적으로 형태가 변화되어도 그 양이 바뀌지 않는다는 사실을 아는 것이다. 구체적 조작기에 아동은 수, 길이, 면적, 무게, 부피 등 여러 형태의 보존개념을 획득해 나아간다. 아동이 7세가 되어 구체적 조작기에 들어가게 되면 보존개념을 획득하게 된다(이근홍, 2006; 전용호, 2008).

(2) 유목화

유목화(classification)에 관해 피아제는 18개가 갈색이고, 2개가 흰색인 구슬 20개를 아동에게 제시한 후 구슬의 색깔과 관계없이 모두 나무로 만들어졌다는 점을 아동들에게 확인시켜 주었다. 그리고 피아제는 "갈색 구슬이 더 많니? 나무 구슬이 많니?"라고 질문을 하였다. 전조작기의 아동은 갈색 구슬이 많다고 대답한 반면, 구체적 조작기의 아동은 모두 나무 구슬이라고 올바르게 대답을 하였다. 이 결과로 다음과 같은 것을 알 수 있다. 전조작기 아동은 갈색 구슬이 흰색 구슬보다 많다는 한 가지 차원의 생각만 할뿐 두 색깔의 구슬이 모두 나무 구슬이라는 점을 이해하지 못하였다(전용호, 2008). 전조작기에는 동물과 식물은 생물의 하위 유목임을 이해하기 힘들다.

(3) 자아중심성

자아중심성(ego-centrism)이란 유아가 다른 사람의 입장에서 사물을 볼 수 없는 것을 말한다. 유아는 단지 자신을 인식하며, 다른 사람의 욕구와 관점을 이해하지 못한다. 피아제는 이러한 개념을 입증하기 위하여 인형을 유아에게 보여주며 인지실험을 하였다. 유아는 동일한 위치에 머물러 있지만, 인형은 여러 방향으로 움직일 수 있어서 사물을 여러 관점에서 관찰할 수 있다. 이 인지실험에서는 유아에게 다양한 인형의 그림을 보여주면서, 앞에 놓인 인형의 관점에서 본 장면이 어떤 사진인지를 물어보았다. 대부분의 유아는 틀린 그림을 선택하였는데, 그 그림은 인형의 관점이 아니라 자신의 관점에서 보았던 그림을 선택하였다. 유아는 인형이 보는 관점과 자신이 보는 관점이 다른 것을 상상하는 것이 불가능한 것은 아니지만, 이 시기의 유아는 매우 어려운 것으로 생각한다(Zastrow, 2002).

(4) 물활론

물활론(animism)이란 생명이 없는 물체에게 생명을 부여하는 것을 말한다. 약 4~6세 정도의 유아는 활동하는 모든 것에 생명을 부여하여 태양을 그릴 때도 눈과 코를 그려 넣으나 6세가 넘으면 움직이는 것에만 생명을 부여하여 꽃은 움직이지 않아 죽은 것이고 구름은 움직이므로 살아 있는 것이라고 생각한다. 이후 8세가 되면 스스로 동물과 식물에만 생명을 인정하게 된다(최옥채 외, 2007).

(5) 상징적 기능

상징적 기능(symbolic function)은 유아가 눈에 보이지 않는 사물이나 행동을 표상하기 위하여 상징이라는 것을 사용하는 능력을 말한다. 상징적 기능은 상상놀이, 그림 및 언어를 통하여 가장 잘 표현한다. 유아가 3세 반 정도가 되면 흉내놀이, 즉 가상놀이를 할 수 있는데, 가상놀이란 가상적인 사물이나 상황을 실제 사물이나 상황으로 상징화하는 놀이를 말한다. 예를 들면, 나무토막으로 총놀이를 하는 유아는 자신의 머릿속에 있는 표상을 나무토막이라는 상징물을 통하여 재현하는 것이다. 가상놀이를 통하여 아동은 어떤 대상, 사람 및 상황의 속성을 재현할 수 있다.

(6) 직관적 사고

직관적 사고(intuitive thought)란 유아가 사물이나 사건의 여러 측면에 주의를 기울이지 못하기 때문에, 그 속에 내재된 규칙이나 조작을 이해하지 못하고, 사물이나 사건이 갖는 난 한 가지의 가장 두드러진 지각적 속성만으로 그것들을 판단하는 것을 말한다. 전조작기에서는 어떤 대상을 단 한 가지의 지각적 특성에 의해 판단하는 직관적 사고 때문에 보존개념이 획득되지 못한다. 또한 직관적 사고 때문에 유목간의 부분과 전체의 논리적 관계 및 상위유목과 하위유목 간의 위계관계를 이해하지 못하여 분류화와 서열화를 획득하지 못한다(이근홍, 2006).

(7) 도덕적 실재론

도덕적 실재론(moral realism)에 관해 피아제는 공기놀이의 규칙에 관한 연구에서, 10세 이전의 아동들은 성인들에 의해 부여된 규칙에 맹목적으로 복종하는 타율성(heteronomy) 개념을 가지고 있다고 한다. 10세가 지나면 규칙도 사람이 만든 것이므로, 상황과 협의에 따라 변경될 수 있다는 자율성(autonomy)의 개념을 획득하게 된다고 한다.

그는 도덕적 판단에 관한 연구에서, 유아가 자신이 저지른 잘못, 즉 그러한 행동을 하게 된 동기나 의도를 근거로 해서 판단하는가 또는 잘못의 결과를 근거로 해서 판단하는가를 알아보았다. 그 결과 전조작기 유아는 그 행위의 의도가 어떠하든 저지른 잘못의 결과가 클수록 더 나쁘다고 판단하였다. 행위의 의도보다 결과에 근거하여 판단을 하여 과실이 큰 것은 더 많은 벌을 받아야 한다고 생각한다. 이 시기의 유아는 도덕적 규범이나 규칙이 외부의 절대적 힘에 의해서 주어진 것이므로 그것은 절대적으로 지켜야 하며, 임의로 변경할 수 없는 것으로 생각한다(이종복 외, 2007).

(8) 꿈의 실제론

꿈의 실제론(dream realism)은 유아가 자신이 꿈꾼 것이 실제라고 생각하는 것을 말한다. 유아는 꿈을 실제라고 믿으며 자신들의 꿈이 다른 사람에게도 보이며, 외부로부터 들어오는 것이라고 생각한다. 꿈은 유아가 꾸고 있는 동안 외부에서도 그대로 일어나고 있다고 생각한다. 유아는 점차 꿈이 실재적인 것이 아님을 깨닫고, 그 내적 근원도 알게 된다. 약 6~7세경이 되어야 유아는 꿈의 성질을 완전히 이해하게 된다(전용호, 2008; 이근홍, 2006).

3) 구체적 조작기

구체적 조작기(concrete operational period)의 시기는 약 7세~11세까지이다. 이 단계에서는 비논리적 사고에서 논리적 사고로 전환된다. 이 단계에서 보존, 가역성, 연속성, 분류와 같은 기본적인 논리체계가 획득된다(권중돈 외, 2006).

① **보존**(conservation): 형태와 위치가 변화되더라도 물질의 양은 동일하게 유지된다는 개념이다.

② **가역성**(reversibility): 시작한 곳까지 합리적으로 거슬러 올라갈 수 있는 능력을 말한다.

③ **연속성**(seriation): 크기가 증가하고 감소함에 따라 요소들을 정신적으로 배열할 수 있는 능력을 말한다.

④ **분류**(classification): 대상을 구분하고 동시에 두 개 이상의 계층을 고려할 수 있는 능력을 말한다.

4) 형식적 조작기

형식적 조작기(formal operational period)의 시기는 약 11~15세까지로 본다. 이 단계에서는 가설적인 것, 확률 및 가능성에 관한 능력이 발달하는 단계이다. 새로운 상황에 직면하게 되면 지각적 경험, 과거와 미래의 경험을 사용하여 문제의 해결책을 생각해 내는 사고능력을 갖추게 된다.

어느 문제가 주어지면 다른 방안을 강구할 수 있으며, 가장 체계적이고 과학적인 추론을 할 수 있게 된다. 형식적 조작기의 아동은 현실세계를 넘어 완전한 상징적 추론이 가능하게 되어 가설을 세우고 그 가설을 체계적으로 검증할 수 있게 된다. 이러한 형식적 조작기의 사고단계에서 나타나는 인지적 발달의 특성을 정리하면 다음과 같다(이종복 외, 2007; 권중돈 외, 2006).

① 구체적인 상황을 초월하여 상상적 추론이 가능하다.

② 가설 설정과 미래사건의 예측이 가능하며, 제시된 문제가 자신의 이전 경험이나 신념과 어긋난다 할지라도 처리할 수 있다.
③ 있을 수 있는 모든 개념적 조합을 체계적으로 고려하고 검증할 수 있다.
④ 관련된 모든 변인들의 관련성을 파악하여 적절한 문제해결방법을 찾아낼 수 있다.

제6절 인본주의이론

최근에 20세기를 지배하는 세 가지 심리학적 혁명이 있었다. 첫 번째가 정신분석학으로, 인간은 본능과 갈등을 지닌 존재이며 행동 통제 요인으로 무의식과 비합리성을 강조하는 프로이트의 사상이며, 두 번째는 행동주의이며, 인간은 유연하고 순응적인 외부자극에 수동적 희생자라고 주장하는 스키너를 중심으로 하는 사상이며, 세 번째는 자율성을 부정하는 행동주의와 음울하고 비관적인 존재로 묘사하는 정신분석학의 관점에 회의를 품고 반발로 시작된 인본주의 또는 제3세력이 그것이다(임은희, 2005). 자아실현이론(self-actualization theory)은 매슬로가 체계화한 이론이며, 인간은 근본적으로 선하며 존경받을 만하고 그들은 만약 환경조건이 적당하기만 하면 그들의 잠재능력을 실현해 나아가려는 존재로 보았다(이근홍, 2006).

매슬로는, 로저스(Rogers)나 다른 인본주의자들과 같이, 인간을 자아실현을 위해 노력하는 존재로 보았으며, 태어날 때부터 두 가지 경향성, 즉 생존적 경향성(survival tendency)과 실현적 경향(actualizing tendency)을 갖고 있다고 보았다(Maslow, 1970).

① 생존적 경향: 기본적 욕구 또는 박탈 동기(deprivation motivation)라고도 하며, 인간의 생존을 단순히 생리적 차원에서 유지시키려는 경향을 말한다. 이는 생

리적 욕구, 안전욕구, 소속과 사랑의 욕구 그리고 자존감의 욕구가 포함된다.

② 실현적 경향: 성장욕구(meta need), 즉 자신의 잠재능력, 기능, 재능을 발휘하려는 욕구로서 생존적 경향이 충족되었을 때 나타나는 것을 말한다.

1. 매슬로의 인본주의이론

1) 주요 개념

매슬로의 인본주의적 이론의 기본적 전제는, 각 개인은 통합된 전체로 간주되어야 하며, 인간의 본성은 본질적으로 선하며, 인간의 악하고 파괴적인 요소는 나쁜 환경에서 비롯된 것이며, 창조성이 인간의 잠재적 본성이라고 본다(강미경 외, 2005). 매슬로는 인간이 특정한 목적을 가지고 어떠한 행동을 하는 것은 인간이 가지고 있는 내면에 잠재해 있는 욕구 충족의 필요성이라고 한다. 인간은 표 2-1의 다섯 가지 욕구를 가진다고 한다.

〈Abraham Harold Maslow〉

※ 출처: https://ko.wikipedia.org/

표 2-1 인간의 욕구

욕구의 범주	욕구의 예
자아실현의 욕구	자신의 잠재력을 살리는 것, 자신의 장점과 제한점을 수용하는 것, 타인의 있는 그대로를 수용하는 것, 자발성을 가지는 것, 창조적으로 행동하는 것, 타인의 의견에 대하여 독립적으로 행동하는 것
자존감의 욕구	자존감(타인으로부터의 존경 포함), 성취감(안정), 확신, 능력, 강함(지위와 명예)
소속과 사랑의 욕구	사랑, 애정, 소속감(가족, 집단), 우정, 사람들과 시간을 함께 보내는 것
안전의 욕구	신체적 안전, 의존, 안정감. 질서. 구조, 공포나 불안 위험으로부터의 자유
생리적 욕구	음식과 물, 산소, 배설, 휴식과 수면, 운동, 건강

※ 출처: Liegert & Spiegler(1990). p.315.(최옥채 외(2007) 재인용).

2) 욕구단계이론

매슬로는 다음과 같은 피라미드식의 계층적 욕구단계를 제시하였다. 인간은 가장 기본적인 욕구를 충족하고 나면 가장 최고의 욕구수준에 도달할 때까지 계속해서 그림 2-4의 욕구를 충족하고자 한다.

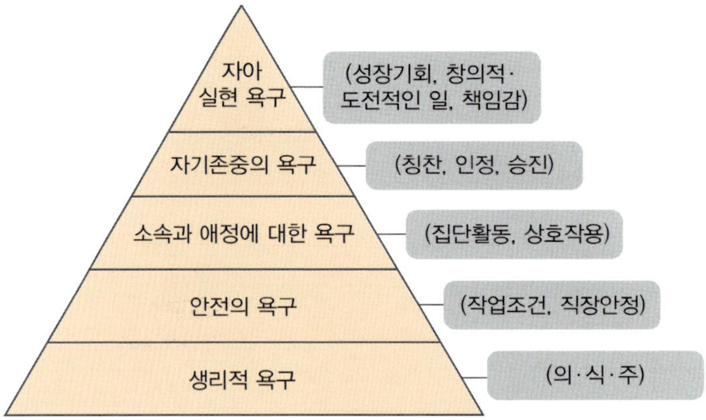

그림 2-4 **매슬로의 욕구단계**

(1) 생리적 욕구

생리적(physiological) 욕구는 인간의 생존에 직접적으로 관련이 있는 의식주 및 생명유지에 관련된 욕구를 말한다. 굶주림, 갈증, 성, 수면, 놀이, 휴식, 신선한 공기 등이며, 유기체의 생물학적 유지에 직접적으로 관련된 것이다. '배고프다'라는 생리적 욕구에 지배되는 경우 인간의 모든 기능들은 생리적 욕구를 충족시킴으로써 만족을 얻는 데 활용된다. 모든 기능은 먹으려는 목적에 따라 조직화되고, 모든 감각기관·운동기관·지능·기억·습관 등은 배고픔을 충족시켜주기 위한 도구로서 사용된다(김선아 외, 2008). 생리적 욕구의 특성은, 첫째 서로 상호 독립적이며, 둘째 육체의 특정 부위와 관련이 있으며, 셋째 비교적 짧은 시간에 반복하여 충족시켜야 한다. 이러한 생리적 욕구가 충족되면 상위 욕구, 즉 안전의 욕구에 지배를 받게 되며, 상위 욕구가 충족되면 보다 더 높은 욕구를 충족시켜야 한다.

(2) 안전의 욕구

안전(safety)의 욕구는 일상생활에서 정신적·신체적 안전을 추구하는 욕구를 말한다. 물리적 위험으로부터 벗어나고자 하는 부분부터 출발하여 가정, 직업, 재산, 음식, 주택 등을 잃게 되는 두려움으로부터 벗어나 안정감을 가지고 보호받으며 살고 싶은 욕구를 말한다(임은희, 2005). 특히 성인기에 있어서 안전에 대한 욕구는 직업 생활을 통해 의식주를 해결할 수 있는 정도의 재정적 수입을 확보하고 이와 더불어 퇴직이나 실업, 질병 등에 대비하여 저축이나 보험에 가입하며, 종교를 통하여 안전감을 획득하는 행동 등으로 표출된다(이종복 외, 2007).

(3) 소속과 애정에 대한 욕구

소속과 애정(belongingingness and live)에 대한 욕구는 생리적 욕구와 안전의 욕구가 충족되었을 때 나타나는 욕구이며, 이러한 욕구에 동기화된 개인은 타인과 애정의 관계를 형성하고, 인생의 동반자와 가족이나 집단에 소속되고 싶어 하는 갈망을 갖고 있다. 이 욕구는 사랑을 받는 것뿐만 아니라 사랑을 주는 것을 모두 포함한다. 모든 개인은 사랑을 받고 포용되는 것을 통하여 자신이 가치가 있다는 감정을 갖게 되며, 사랑을 받지 못할 때 공허감, 무가치감, 적대감 등을 가져온다(이종복 외, 2007). 이에 반하여 지나치게 소속과 애정에 대한 욕구가 강하여 집단 외부의 사람에 대해 적대적인 태도를 보이는 경우가 있는데 그 대표적인 예가 청소년 갱집단이다(권중돈 외, 2006).

(4) 자기존중 욕구

소속과 애정에 대한 욕구가 충족되면 자기존중(self-esteem)의 욕구가 나타나게 된다. 자기존중의 욕구는 능력, 신뢰감, 개인의 힘, 적합성, 성취, 독립, 자유 등을 의미하며, 다른 사람으로부터의 명성, 수용, 주목, 평판, 영광과 명예를 들 수 있다. 이러한 욕구가 충족되지 못할 경우 개인은 타인에 대하여 열등의식을 느끼고, 자기비하를 하고, 삶에 대처하는 데 있어서 무력감을 경험하게 되며, 자신이 무용지물이라고 생각하게 된다(이종복 외, 2007; 권중돈 외, 2006).

(5) 자아실현 욕구

자아실현(self-actualization)의 욕구는 한 개인이 자신의 잠재력을 성취하고, 소질이 있고, 할 수 있는 일을 한다는 의미이다(Zastrow et al., 2001). 또한 위의 욕구들이 충분히 만족되면 나타나게 된다. 자아실현의 욕구는 자아실현을 위한 개인적 갈망이며, 잠재적 능력을 실현하려는 욕망이다. 매슬로는 자아실현의 욕구를 충족한 사람들도 나름대로 약점을 지니고 있기 때문에 결코 완벽한 사람이라고 할 수 없다고 하였지만, 이와 동시에 자아실현의 욕구를 성취하는 사람은 극소수에 불과하다고 한다(권중돈 외, 2006).

2. 로저스의 인본주의이론

〈Carl Rogers〉

※ 출처: https://ko.wikipedia.org/

로저스의 인본주의이론은 무의식적 결정론에 근거한 정신분석이론과 환경결정론에 근거한 행동주의이론의 입장에 반대하는 '제3세력의 심리학'에 속한다. 인본주의이론에서는 사랑, 선택, 창조성, 의미, 가치, 자아실현과 같은 인간의 자아실현경향과 긍정적 측면에 초점을 둔다(권중돈 외, 2006). 그는 각 개인이 자신의 행동과 경험의 중요한 결정자임을 강조한다. 인간은 경험하고 스스로 결정하며 자신의 행동을 자유롭게 선택하는 의지를 지닌 사람이라는 것이며, 인간은 근본적으로 선하며, 환경조건이 적당하기만 하면 자신의 잠재력을 실현해 나갈 수 있는 존재라고 본다(최옥채 외, 2007).

1) 로저스의 이론(현상학이론)

인본주의 심리학의 용어는 1960년 초기에 매슬로를 중심으로 탄생되었으며, 다른 심리학과는 달리 조직적 이론이나 시스템이 아니라 하나의 운동이라고 말할 수 있다. 매슬로가 '제3의 심리학'이라고 이름 붙인 인본주의는, 인간의 본성은 생물학적인 것이 아니라 사회문화적인 데 있다고 주장하는 신프로이트학파와, 인간은 환경과 상호작용에서 그 행동을 규정하고 이해할 수 있다고 주장하는 형태주의나 장이론 학자들, 개인의 특수성과 통합을 해석하려는 지각주의, 현상학, 실존주의 심리학의 이념을 총망라한 것이라고 할 수 있다(이종복 외, 2007; 최정훈, 1982).

로저스는 자신의 오랜 임상경험으로, 인간은 자유로우며 자신의 행동에 책임을 지고, 유목적적이며, 합리적이고 건설적인 방향으로 지속적으로 성장하는 미래지향적 존재라고 보았으며, 이러한 선천적 잠재력을 발휘할 수 있는 조건들이 적절히 갖추어진다면 인간은 무한한 성장과 발전이 가능하다고 한다(권중돈 외, 2006).

로저스는 성격이론을 현상학적이라고 부르는 이유를 제시하였는데, 성격과 행동을 이해하려면, 의식하는 주체에서 나타나는 사실, 즉 체험을 파악하고 기술해야 한다고 보았다. 체험이란 어느 한순간에 잠재적으로 인식될 수 있는 유기체 안에서 진행되는 모든 것을 말한다(임은희, 2005).

현상학은 개인의 주관적 경험, 감정, 세계와 자신에 대한 개인적 견해와 사적 개념을 연구하는 학문이다. 로저스는 현상학적 심리학자 중 한 사람으로서 다른 사람이 어떻게 행농하는 가하는 것은 그 사람이 세계를 어떻게 지각하느냐에 달려있다고 본다. 행동이란 개인이 세계를 지각하고 해석한 직접적인 사건의 결과로 생기므로, 인간의 행동을 잘 이해하기 위해서는 그 개인의 내적 준거틀(internal frame of reference)을 이해할 필요가 있다(최옥채 외, 2007).

로저스의 인간행동에 대한 기본적 가정은 그의 주관적 경험론에 입각하고 있으며, 인간중심적 접근방법의 기본적 가정은 다음과 같다(권중돈 외, 2006).

① 인간은 믿을 수 있으며, 능력이 있고 자기 이해와 자기실현을 위한 잠재력을 가지고 있으며, 이런 능력의 발현을 통하여 점진적으로 되어 가는 존재이다.

② 인간행동은 각 개인의 주관적 경험 또는 내적 준거체계에 따라 달라진다.

③ 인간행동의 궁극적 목표는 자아실현이다.

④ 치료적 관계나 다른 관계에서 신뢰와 존경의 분위기가 조성된다면, 인간은 긍정적 방향으로 성장하고 발달할 것이다.

⑤ 진정한 관심, 수용, 감정이입적 이해 등을 포함한 원조자의 긍정적 태도는 효과적 원조관계의 필수적 조건이다.

⑥ 내담자의 주관적 경험을 존중하고, 자유와 개인적 책임성 및 자율성을 고양하고, 선택권을 부여함으로써 내담자의 성장을 촉진시킬 수 있다.

⑦ 치료자는 권위적 인물이 아니다. 치료자는 존경과 긍정적 관심을 통하여 내담자의 긍정적 성장을 고양하여야 할 사람이다.

⑧ 내담자는 자아인식을 할 수 있는 능력이 있고, 더욱 적절한 행동을 할 수 있는 능력을 갖추고 있다. 모든 사람들과 마찬가지로 내담자는 부적응적 상태에서 심리적으로 건강한 상태로 옮겨 갈 수 있는 성향을 가지고 있다.

⑨ 치료자는 원조관계에서 나타나는 현재 행동에 초점을 두어야 한다. 원조관계에서는 내담자가 자신의 세계를 다루는 방법을 강조해야 한다.

⑩ 원조관계의 목적은 진정한 자아에 대한 인식을 획득하고 내담자가 더욱 독립적이고 통합된 상태로 변화하게 하는 것이다.

현상학적 이론이 지니고 있는 주요 개념들은 다음과 같다.

(1) 현상학적 장

현상학적 장이란 경험적 세계(experiential world) 또는 주관적 경험으로도 불리는 개념으로, 특정 순간에 개인이 경험하는 모든 것을 의미한다. 로저스는 동일한 현상이라도 개인에 따라 다르게 지각하고 경험하기 때문에 이 세상에는 개인적 현실(individual reality), 즉 현상학적 장만이 존재한다고 본다. 현상학적 이론에서는 정신분석의 동기적이고 역동적인 개념과 특질론의 기본성향을 거부하며, 행동주의의 외적 자극 반응을 강조하는 것도 거부하며 오직 지금 일어나고 있는 경험에 대한 주관적 해석에 초점을 두며, 개인이 세상에 정보를 부호화하고 범주화하는 내적 과정에 많은 관심을 둔다(이종복 외, 2007).

개인에게 있어서 현상학적 장은 곧 현실이며, 개인이 체험하고 지각하는 것은 모든 현상학적 장에 근거하며, 현재의 행동을 결정한다.

(2) 자아

자아(self)는 로저스의 인본주의이론의 가장 중요한 개념이다. 자아 또는 자아개념(self-concept)은 개인의 현상학적 장이 분화된 부분이며, 'I'나 'me'에 대한 의식적 지각과 가치를 포함하는 것이다. 로저스는 자아가 현재 자신의 모습에 대한 인식, 즉 현실자아(real self)와 앞으로 자신이 어떤 존재가 되어야 하며, 어떤 존재가 되기를 원하고 있는지에 대한 인식, 즉 이상적 자아(ideal self)로 구성되어 있다고 본다. 그는 현재 경험이 이러한 자아구조와 불일치할 때 개인은 불안을 경험한다고 본다(이종복 외, 2007).

자아는 현재 자기가 어떤 인간인가에 대한 개념으로서 '나는 무엇인가', '무엇이 될 수 있는가' 등의 지각을 포함하며, 지각된 자아는 세상에 대한 지각과 개인행동의 근거가 된다. 또한 자아는 현재 자기 모습에 대한 지각인 현실 자아와 앞으로 되고자 하는 모습인 이상적 자아를 포함한다(이소희 외, 2005).

로저스의 자아개념은 개인의 자아가 유동적이고 새로운 경험에 의해 항상 변화한다고 하여도 그것은 언제나 정형화된 특성을 지닌다고 본다. 이 개념은 시간이 지남에 따라서 각 개인이 많은 변화를 하더라도 그는 자신이 이전과 똑같은 사람이라고 느낄 수 있는 내적 감정을 보유한다고 본다. 자아라는 것은 각 개인이 의식할 수 있는 것이며, 무의식적 정신작용까지도 통합하는 기능을 수행한다.(이종복 외, 2007).

(3) 자아실현경향

인간은 선천적으로 자신을 유지시키거나 향상시키기 위하여 자신의 능력을 개발하는 경향성을 지니고 있다. 이를 자아실현 경향성이라고 말하며, 더욱 능력 있는 사람이 되는 과정이다. 모든 사람은 생존해 있기 때문에 선천적으로 동기화되며 근본적으로 활동적이고 자아실현적이다(최옥채 외, 2007).

로저스는 인간에게 많은 욕구와 동기가 있지만 가장 기본적인 욕구는 자기를 유지하고, 증진시키며 실현하는 욕구라고 한다. 이러한 욕구를 하나의 용어로 규정할 수는 없으며, 자기유지(self-maintenance), 자기향상성(self-enhancement), 자아실현(self-actualization)이 모두 포함되는 것으로 생각하여야 한다(권중돈 외, 2006).

로저스는 모든 인간은 자신을 유지하려는 경향과 성장잠재력을 선천적으로 지니고 태어난다고 보며, 인간은 음식물을 섭취하여 필요한 자양분을 공급받고, 위험에 직면하여서는 방어적으로 행동함으로써 자기유지의 목적을 성취하려는 성향을 지니고 있으며, 성숙을 지향하고 상향이동하려는 경향(upward-moving tendency)을 가지고 있다고 말한다. 이러한 상향이동의 경향 속에는 자아실현의 경향이 포함되며, 인간은 자아분화와 기능의 분화를 통하여 이런 경향을 실현하려고 한다. 인간은 외적인 힘에 통제를 받고 의존하기보다는 독립성, 자기책임성, 자기규제, 자율성, 자아통제의 수준이 높은 수준으로 나아가려는 속성을 지니고 있다(권중돈 외, 2006).

인간은 근본적으로 생물학적 잠재력뿐만 아니라 심리적 잠재력도 가지고 태어난다. 이러한 생물학적 잠재력과 심리적 잠재력은 사람마다 동일하지 않으며, 각자는 잠재력을 실현하는 체험과 잠재력을 실현하지 못하는 체험 간의 구분을 가능하게 하는 타고난 신체적 지혜가 있는데, 이를 유기체적 평가과정(organismic valuing process)이라고 한다. 신생아는 태어나면서 무엇이 좋게 느껴지고 무엇이 나쁘게 느껴지는지를 구별할 줄 안다. 이것은 의식적이 아니라 유기체의 본능으로 아는 것이다(이인정 외, 1995).

자아개념발달의 중요 요소는 다음과 같다(임은희, 2005).

① 긍정적 관심(positive regard): 학습되거나 생득적으로 타고난 것으로서, 중요한 사람으로부터 따뜻함, 존경, 숭배, 사랑, 수용과 같은 태도를 받고 싶어 하는 기본적 욕구를 말한다. 인간의 행동은 긍정적 대우를 받는 방향으로 나타나며 타인뿐만 아니라 자기 자신으로부터 긍정적 대우에 대한 욕구가 있는데, 이러한 욕구는 학습된 것이다.

② 가치의 조건(condition of worth) 또는 조건적·긍정적 관심(conditional positive regard): 아동이 타인의 기대에 따라 행동함으로써, 칭찬을 받고 주의를 끌며, 인정이나 또 다른 형태의 보상을 받는 상황을 말한다. 가치의 조건을 가진 사람은 그의 행위를 제한시키고 현실을 왜곡한다. 이러한 것은 금지된 행동과 생각을 인식만 해도 그것이 실제로 작용하는 것처럼 개인에게 위협을 주기 때문이다.

③ 무조건 긍정적 관심(unconditional positive regard): 조건 없이 있는 그대로 어떤 사람을 수용하거나 존경하는 것을 의미한다. 무조건 긍정적 관심은 아동을 그 자체로 귀중한 한 인간으로서 평가받고 사랑하는 분위기를 제공한다는 것을 의미하며, 아동 양육에 이상적인 접근법이며, 개인으로 하여금 완전히 기능하는 사람으로 진보하게 만든다.

(4) 완전히 기능하는 사람

완전히 기능하는 사람(the fully functioning person)은 심리적 발달과 사회적 진화의 결과이다. 훌륭한 삶이란 인간이 어떤 방향으로든 자유롭게 움직일 수 있는 내적 자유가 있을 때 그가 선택하는 방향으로 움직이는 과정이라고 로저스는 말한다. 여기서 완전히 기능한다는 것은 자신의 잠재력을 인식하고 능력과 재질을 발휘하여 자신에 대한 완벽한 이해와 경험을 풍부히 하는 방향으로 이동해 나가는 것을 말한다. 완전히 기능하는 사람의 중요한 성격 특질은 다음과 같다(이근홍, 2006; 임은희, 2005).

① 경험에 대한 개방성(openness to experience)을 지닌다.

② 실존적인 삶(existential living): 매 순간을 충분히 만끽하면서 충실히 살아가는 것.

③ 자기 자신에 대해 신뢰하는 사람(organismic trusting)

④ 경험적 자유(experiential freedom)를 가진 사람이다.

⑤ 창조성(creativity).

PART

02

태아기 및 신생아발달

제3장 태아기발달

제4장 신생아발달

CHAPTER 03

태아기발달

제1절 태아의 발달

1. 수태

수태란 정자와 난자가 만나 임신이 되는 것을 말한다. 여성의 몸에서 배란(ovulation)이 일어날 때 정자가 질 안에 있어야 하고, 수정은 실제로 난소에서 가장 가까운 나팔관의 1/3지점에서 일어나며, 정자가 그곳에 도착하면 수태가 될 수 있다. 약 3억 개의 정자 중 단지 2백여 개만이 난자에 도달하는데, 난자를 만나기 위한 여행은 2시간가량 걸린다. 이는 정자가 자신의 몸길이에 비교해 3천 배 정도나 긴 거리를 헤엄치는 것이다(Hyde & Delamater, 2000). 대부분의 정자는 사정 후 12~48시간 동안 난자와 수정할 수 있다. 그러나 예외적으로 일부 정자는 72시간까지 생존할 수도 있다(Marieb, 1992). 수정 후 약 30시간이 되면 세포분열 과정을 시작한다. 세포는 먼저 두 개의 세포로 분열한다. 이 세포들은 다시 4개, 8개 등으로 분열한다. 착상부터 임신 8주까지, 수태 상태 혹은 수태의 결과를 배아(embryo)라고 부른다. 8주부터 출산까지의 발생 중인 인간을 태아(fetus)라고 한다. 임신은 수태 후 출산에 이르는 기간을 말한다.

태아의 성별은 염색체의 결합으로 이루어진다. 여성의 난자는 모두 X염색체만 가지고 있으나 남성의 정자는 X염색체와 Y염색체 두 종류를 가지고 있다. 수정이 이루어질 때 정자의 X염색체와 난자가 만나 XX로 결합하면 여자아이가 태어나고, 정자의 Y염색체와 난자가 만나 XY로 결합하면 남자아이가 태어난다.

2. 임신의 진단

임신검사는 대부분 여성의 소변이나 혈액 속에 있는 인간융모막성생식호르몬(human chronic gonadotropin; HCG)을 조사하는 것이다. HCG는 태반에서 생성되는 호르몬인데, 더욱 정확한 검사결과를 얻기 위해서는, 혈액의 경우 수태 후 1주일 이내, 소변의 경우 생리예정일 다음 날에 HCG를 검사한다(Allgeier & Allgeier, 2000). 현재는 가정용 임신테스트도 많이 사용한다. 보통 조기 임신테스트 또는 e.p.t.s.로 널리 알려져 있는데, 이것도 역시 HCG를 측정한다. 이 검사방법은 사용이 간편하고 저렴할 뿐 아니라 생리 예정일 바로 다음 날에 빨리 확인할 수 있는 장점이 있다. 테스트를 시행한 후 20분 이내에 결과를 알 수 있다(Zastrow et al., 2001).

3. 태아의 성장

평균 임신 기간은 280일이고, 태아의 발달은 수정에서 출산 전까지이다. 이것을 임신의 3단계로 구분하며, 발아기(Germinal stage), 배아기(Embryonic stage), 태아기(Fetal stage)로 나눌 수 있다.

1) 발아기

발아기는 수정에서부터 약 2주간의 기간으로 수정란이 자궁에 완전히 착상하여 모체와 의존관계를 확립하는 시기이다. 수정 직후 수정란은 세포분열을 시작하면서 나팔관을 지나 3~4일 후 자궁벽에 자리를 잡으며, 수정란이 자궁벽에 완전히 착상하기까지 10~14일 정도 걸린다. 수정란이 자궁벽에 착상함으로써 태내발달의 전 과정을 통해 지속될 모체와의 밀착된 의존관계를 확립하게 된다.

2) 배아기

배아기는 수정 후 약 2주부터 8주의 기간으로 주요 신체기관과 신경계가 모두 형성되는 시기이다. 이 시기에 수정란은 외배엽·중배엽·내배엽의 세 개의 층으로 분리되며, 외배엽은 감각세포·신경계로, 중배엽은 근육·골격·순환기관·배설기관으로, 내배엽은 소화기관·호흡기관 등으로 발달한다. 배아기 말에 수정란은 눈·코·입술 등의 얼굴 모양과 함께 사람의 모습을 갖추게 된다. 특히 이 시기에는 신체의 여러 기관이 형성되기 때문에 모체의 질병·영양결핍·약물 등의 영향을 받을 수 있는 시기이다.

3) 태아기

태아기는 태내(胎內) 기간 중 2개월에서 출산 전까지의 시기이다. 태아기는 태아가 여러 가지 기능을 각각 발휘하기 시작하는 시기로, 3개월이 되면 크기가 약 7.5cm가량 되고 무게는 약 21g가량 되며 사람의 형태를 거의 갖추게 된다. 태아기에 성기관의 차이가 나타나며 소화기관의 활동도 시작된다. 골격과 근육이 계속 발달하여 팔·다리·어깨를 자율적으로 움직이며 심장은 율동적으로 뛰게 된다.

4) 태아의 주차별 성장

① 임신 8주: 임신 초기의 태아는 동물과 외관상 구별이 거의 없으며, 수정 8주(임신 10주) 이후가 되어야 비로소 인간의 모습이 뚜렷해진다(태아의 크기는 약 4cm 정도).

② 임신 12주: 뼈 조직의 형성이 시작되어 손가락 및 발가락이 구별 가능해진다. 외부 생식기가 나타나기 시작하며 스스로 움직임이기 시작한다(태아의 크기는 6~7cm).

③ 임신 16주: 태아의 성 감별이 최초로 가능해지는 시기는 약 14주 경이다(태아의 크기는 약 12cm, 몸무게는 약 110g 정도).

④ 임신 20주: 태아는 두피의 머리카락도 생기기 시작한다(태아의 몸무게는 약 300g 정도).

⑤ 임신 24주: 태아의 피부는 주름이 생기며 지방이 축적되기 시작한다(태아의 몸무게는 약 630g 정도).

⑥ 임신 28주: 태아가 문제없이 이때 출생하게 되면 약 90% 정도 생존할 수 있다(태아의 몸무게는 약 1,100g 정도).

⑦ 임신 32주: 태아의 피부는 여전히 주름져 있으며, 문제없이 이때 출생하면 거의 다 생존할 수 있다(태아의 몸무게는 약 1,800g 정도).

⑧ 임신 36주: 태아는 피하 지방의 축적으로 피부의 주름이 거의 사라지며 몸은 둥글둥글하게 된다(태아의 몸무게는 약 3,200g 정도).

⑨ 임신 40주: 태아의 성장이 완료된다(태아의 몸무게는 약 3,400g 정도).

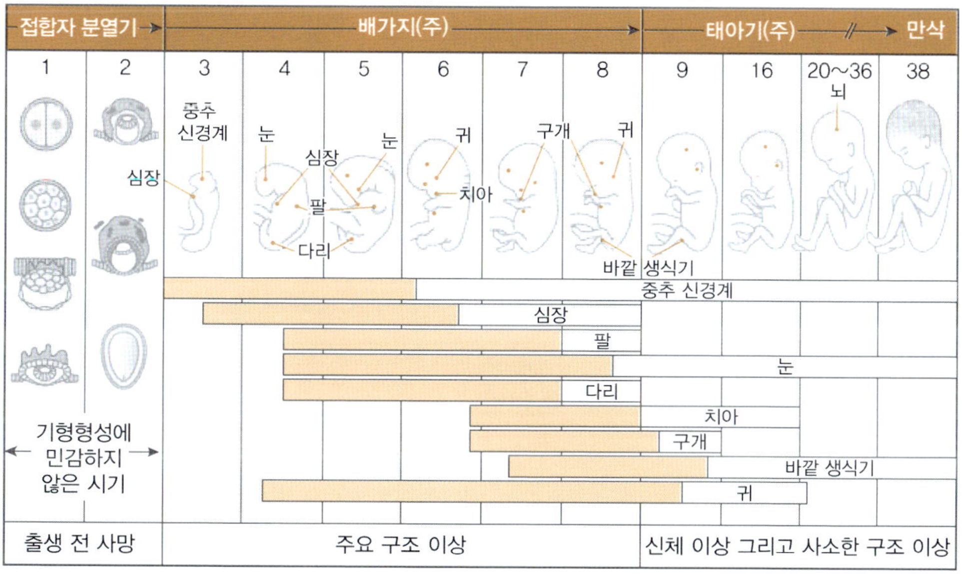

※ 출처: 서울대학교병원. 의학정보.

그림 3-1 데이의 성장과정

제2절 태아에게 영향을 미치는 요인들

1. 유전적 요인

유전적 요인은 수정이 이루어지는 순간 23쌍의 염색체 속에 있는 유전인자(gene, DNA)에 의해 결정된다. 난자와 정자는 각각 23개의 염색체를 갖고 있으며, 수정란은 정자와 난자의 염색체를 혼합하여 23개의 쌍으로 결합하게 된다. 염색체 속의 유전인자에는 신체의 크기, 피부색 등을 결정하는 유전적 요소가 있다. 그러나 부모의 특성이 자녀에게로 그대로 전달되는 것은 아니며, 유전인자에는 우성인자(Dominant gene)와 열성인자(Recessive gene)가 있는데, 우성인자는 염색체 쌍 중에서 하나에만 존재하여도 그 특성이 나타나지만, 열성인자는 쌍으로 이루어져야만 그 특성이 나타날 수 있다. 신생아의 대부분은 정상적으로 태어나지만 유전적 요인이나 염색체의 이상으로 비정상적으로 태어날 수도 있다. 유전적 요인이나 염색체 이상에 의해 태아에게 나타나는 질병은 다음과 같다.

1) 상염색체 이상

염색체가 1번 쌍부터 22번 쌍까지의 상염색체의 이상에 의해서 발생한다.

- 다운 증후군(Down syndrome): 23쌍의 염색체 중에서 21번째 염색체가 2개가 아닌 3개가 되는 경우에 발생한다. 다운 증후군의 아이는 눈의 안쪽 끝이 아래로 처져있으며, 머리가 작고, 코가 납작하며 혀가 나와 있는 모습을 하고 있고, 대부분 정신능력과 운동능력에서 지체를 보이며 심장, 눈, 귀 등에 결함을 가지고 있다. 다운 증후군은 임산부의 나이와도 관련이 있는 것으로 보이며 임산부의

나이가 35세 이상의 경우 급격히 증가한다. 35세 이상의 여성에게서 다운증후군의 아이가 태어날 확률은 280명당 1명, 40세 이상의 여성에게서는 100명당 1명, 45세 이상의 여성에게서는 30명당 1명꼴이다.

- 에드워드 증후군(Edward syndrome): 에드워드 증후군은 18번째 염색체가 3개로 형성되어 나타나며, 발병률은 3,500~8,000명 중의 1명꼴로 발생된다. 이 증후군의 특징은 귀의 기형 및 귀의 처짐, 발의 기형, 소두증, 굽은 손가락 등의 증상으로 나타나며 심한 지적장애를 동반한다. 출산 후 1개월 이내에 사망할 확률은 30%이며 1년까지 생존할 확률은 10% 미만이다.
- 파타우 증후군(Patau syndrome): 파타우 증후군은 13번째 염색체가 3개로 형성되어 나타나며, 발병률은 15,000~45,000명 중 1명꼴로 발생한다. 이 증후군의 특징은 이마가 좁고, 무뇌증, 눈의 결손 등의 증상이 나타나며 심한 지적장애를 동반한다. 출산 후 1개월 이내에 사망할 확률은 46%이며 1년까지 생존할 확률은 5% 이하이다.
- 묘성 증후군(Cri-du-chat syndrome): 묘성 증후군은 5번째 염색체 일부가 잘려나가 개체발생의 장애가 되고 후두발육이 불완전해지기 때문에 나타난다. 이 증후군의 특징은 고양이 울음소리와 비슷한 울음, 소두증, 지적장애 등이며, 그 밖의 증상으로는 둥근 얼굴, 넓은 미간, 근무력증, 손금 이상, 평발, 짧은 목 등이다. 약 20%는 선천적 심장질환을 나타내기도 한다. 나이가 들면서 점차 고양이 울음소리, 근무력증, 둥근 얼굴 등이 없어질 수 있다.

2) 성염색체 이상

23번째 염색체를 성염색체라고 말하며, 성을 결정하는 역할을 하게 된다. 이 23번째 염색체의 이상에 의해 선천적으로 이상 상태가 나타나게 된다.

- 클라인펠터 증후군(Klinefelter syndrome): 성염색체 이상(XXY 형태, 또는 XXYY 형태)으로 발생하며 남자아이 1,000명 중 1명꼴로 발생한다. 클라인펠터 증후군의 남자아이는 정상적으로 보이나 성인이 되면 정자 수가 부족하고 언어와 학습능력이 떨어지는 것으로 나타난다.
- 터너 증후군(Turner syndrome): 성염색체 이상(X 형태)으로 발생한다. 여자아이 2,000~5,000명 중 1명 정도로 발생한다. 이 증후군의 특징은 출생 시 약간 작으며, 출생 후 3세까지는 비교적 정상적으로 성장하다가 이후 성장 장애가 심해져 성인 키가 결국 140cm 정도밖에 안 된다. 이 외에도 가슴이 넓어 보이고, 목이 짧으며, 목 뒤 두발선이 낮게 내려와 있다. 터너 증후군의 여아는 대개 불임이며 호르몬치료를 하지 않으면 사춘기에 월경이 없거나 가슴이 발달하지 않는다. 공간능력 또한 부진한 수행을 보인다.

3) 우성인자의 이상

대부분 유전병은 열성인자에 의한 것이며, 우성인자에 의한 유전병은 매우 드물고 반드시 발병하게 된다. 대표적으로 헌팅톤 병이 있다.

- 헌팅톤 병(Huntington disease): 헌팅톤 병은 4번 염색체의 "헌팅틴(Huntingtin)"으로 알려진 유전자의 돌연변이에 의해 발생하며, 상염색체 우성으로 유전된다. 헌팅톤 병은 남성과 여성에게서 동일하게 나타나고, 백인에게서 발병률이 높다. 대략 미국에서는 만 명 중 1명꼴로 발생하는데, 3만 명의 미국인이 이 병을 앓고 있다. 이 병은 근육 간 조정능력의 상실과 인지능력 저하 및 정신적인 문제가 동반되는 진행성의 신경계 퇴행성 질환이다. 중년기인 약 40세 이후부터는 신경세포가 손상되기 시작하며 환각, 망상, 우울증 등 성격 변화를 포함한 정신장애와 근육이 무력해지는 운동기능장애가 나타난다.

4) 열성인자 이상

열성인자 이상은 한쪽 부모로부터 열성인자를 물려받을 경우에는 발생하지 않으며, 열성인자를 양쪽 부모로부터 물려받는 경우에 발생한다.

- 페닐케톤뇨증(Phenylketonuria; PKU): 음식물에 들어 있는 페닐알라닌(phenylalanine)을 분해하는 효소의 부족으로 인하여 발생하는 단백질 대사 이상 장애이다. 8,000명 중 1명꼴로 나타나는데, 출생 시에는 정상으로 보이나 처음 2개월 동안에 토하고 보채는 일이 빈번하고 지적장애가 점점 진행되어 8개월 무렵부터 운동과 언어발달의 지연이 두드러지게 나타난다. 생후 1년이 되어도 치료를 받지 못하면 발달지체와 IQ 50 미만의 정신지체를 초래할 수 있다.
- 테이삭스병(Tay-sachs disease): 테이삭스병은 당과 지질 성분으로 구성된 강글리오시드라는 성분의 축적으로 인해 중추신경계의 점진적인 파괴를 유발하는 병으로, 발생빈도는 일반적으로 300,000명 중 1명으로 알려져 있으며, 유태인에서는 3,600명 중 1명으로 나타나며, 남녀의 차이는 없다. 생후 4~5개월 무렵까지는 정상적인 발육을 하지만 그 뒤로는 운동과 지능발달의 퇴행을 보인다. 생애 초기 1년 이내에 실명, 경련 발작이 나타나며, 대부분 수년 이내에 사망한다.

2. 환경적 요인

1) 영양 상태

임산부는 임신 후 몸무게가 약 11~16kg 정도가 증가하며, 평소보다는 많은 영양이 필요하고, 칼로리 섭취는 평소보다 약 15~30%(300~500cal) 정도 증가한다. 또한 이 시기에는 단백질과 폴산(folic acid: 빈혈의 특효 성분), 철분, 칼, 비타민 A, B_6, C, D, E 등을 충분히 섭취하는 것도 중요하다. 임신부의 영양결핍은 조산과 저체중아 및 신생아의 사망과도 관련이 있다(Hamilton, 1991; Kail & Cavanaugh, 1996).

잘못된 식이요법은 태아의 중추신경계발달에 영향을 미치며, 신생아가 질병에 취약해지는 결과를 초래할 수도 있다(Guttma cher & Kaiser, 1986; Kail & Cavanaugh, 1996).

2) 약물

임신 1개월부터 약 3개월까지는 태아가 약물에 취약한 시기이다. 우리가 일반적으로 사용하는 아스피린이나 카페인도 위험을 초래할 수 있다. 아스피린은 태아와 산모 모두에게 출혈을 일으키는 것으로 알려져 있다(Friedman & Polika, 1996). 임산부의 마약중독도 많은 문제를 일으킬 수 있으며, 저체중아 출산, 조산, 경련 등의 증상을 초래한다. 즉, 약품이나 약물치료를 받기 위해서는 의사와 상담을 통해야 한다.

지금까지 사용된 약물 중에서, 테라토겐(teratogens)은 태아의 기형을 유발하였고, 진정제의 일종인 탈리도마이드(thalidomide)를 복용하였던 여성은 손이 아주 작고, 혹은 팔다리가 없는 아이를 출산하였다. 테트라싸이클린(tetracycline)은 이가 누렇게 착색되거나 뼈 조직이 변하는 기형을 유발하기도 한다(고지희 외, 2005). 피부질환을 치료하기 위한 엑큐텐(accutane)은 두뇌, 두개골, 얼굴, 흉선, 심장 등에 선천적 기형을 초래하기도 한다(Lammer et. al., 1985; Masters et al., 1995; Papalia et al., 1998).

3) 알코올

임신 중에 많은 양의 알코올을 섭취하는 것도 태아에게 영향을 끼친다. 임신 중에 알코올을 많이 섭취하는 임산부들은 태아알코올증후군(Fetal Alcohol Syndrome: FAS)에 걸린 아이를 출산할 확률이 커진다. 태아알코올증후군의 아이는 특이한 얼굴과 작은 머리, 작은 몸, 선천적인 심장질환, 관절상의 결함, 정신능력 저하, 그리고 이상한 행동패턴을 보인다. 이러한 상태는 아동기로 이어지며, 주의집중 부족, 안절부절, 초조, 과잉행동, 학습장애를 동반하기도 한다(Papalia et al., 1998). 지금으로서는 알코올을 어느 정도 섭취하는 것이 안전한지를 정확히 알 수 없기 때문에 섭취하지 않는 것이 가장 좋은 방법일 것이다.

4) 흡연

임신 중 흡연도 태아에게 영향을 끼친다. 임신 중 흡연은 산모의 혈압과 맥박을 상승시키고, 혈액의 산소 요구량을 증가시켜, 태아의 심장조직에 해를 끼칠 뿐만 아니라 산소를 부족하게 하여, 저체중아 출산, 조산아 및 자연유산 증가, 미숙아, 유산, 암 발생, 출생 시 사망과도 관련이 있다(Masters, Johnson & Kolodny, 1995: 111). 담배의 니코틴은 태반이 비정상적으로 자라게 하고, 혈류의 일산화탄소농도를 상승시켜 중앙신경계를 손상시키기도 한다.

5) 나이

임신에 있어서 임산부의 나이도 태아에게 많은 영향을 끼치는 것으로 알려져 있다. 일반적으로 25~29세가 임신과 출산의 최적연령이며, 임산부의 나이가 35세 이상의 경우 의학적으로 노산이라고 한다. 노산으로 인하여 난산, 자연유산, 임신중독증, 다운증후군, 미숙아의 출산이 급격히 증가하며, 45세 이상의 임산부는 20세의임산부에 비해 다운증후군의 아이를 출산할 확률이 40배나 높다. 또한 신경학적인 문제, 선천성 심장기형, 성장지체를 동반하기도 한다.

대부분의 아이들은 건강하게 태어나지만 약 1,000명당 17명 정도는 다운증후군(Down's syndrome)을 가지고 태어난다. 이는 산모의 나이가 많을수록 그 가능성이 증가한다(Hayes & Batshaw, 1993). 보통 35세 이상의 출산은 선천적 장애의 여지가 크다. 뇌성마비, 혈우병, 가족성 흑내장성 백치(Tay-Sachs' disease, 소아가 점차 시력을 잃음), 적혈구 빈혈증 등을 선천적으로 지니고 태어날 수 있다. 보통 신생아의 3%는 비정상적으로 태어나는 것으로 나타나고 있다(Masters et al., 1995).

6) 기타 요인

사회경제적 지위, 풍진, 에이즈 등도 태아에게 많은 영향을 미친다. 사회경제적 지위가 낮은 것도 태아와 임산부의 건강에 위협이 될 수 있다. 풍진(rubella)은 태아에게 신체적 정신적인 장애를 초래하기도 하나 백신으로 예방할 수 있다. 에이즈(AIDS)는 자궁 내에서 또는 출생과정에서 임산부의 혈액과 태아의 혈액이 섞이면서 전염된다.

또한 임산부의 정서 상태도 태아에게 영향을 끼칠 수 있는데, 정서적으로 불안정하면 부신 호르몬분비가 촉진되며, 이는 태반을 통해 직접적으로 영향을 미친다. 임신 기간 동안의 스트레스 상황에서 임산부는 조산하기 쉽고, 태아는 저체중과 호흡곤란 등을 갖고 태어나는 것으로 밝혀졌다. 출생 후에도 과잉행동장애나 불안장애 등의 정서적 장애가 일어날 수 있다(김선아 외, 2006).

제3절 태아기검사

1. 초음파검사

초음파검사는 초음파를 사용하여 태아의 이미지를 영상화한 기기로 임신 4~5주부터 시행할 수 있다. 초음파검사로는 태낭의 위치와 수를 검사할 수 있으며, 태아의 크기, 역아의 확인, 태아의 기형 등을 확인할 수 있다. 태아의 성별과 자궁 내의 자세, 다양한 신체 이상 등의 탐지도 가능하다.

2. 양수검사

양수검사(amniocentesis)는 임산부의 복강을 통해 자궁에 바늘을 삽입하여 양수를 채취하는 방법이다. 이 검사로서 태아의 성별, 염색체이상을 알아낼 수 있다. 양수에는 태아세포가 포함되어 있어 다운증후군, 근육영양장애, 척추이열, 선천성 기형 등을 알아낼 수 있다. 태아의 성별도 구분할 수 있고, 선천성 결함의 유전적 보균자가 있을 것으로 판단되는 여성(35세 이상)에게 필요하다(Strong & DeVault, 1997).

3. 융모생체표본검사

융모생체표본검사(Chorionic villi sampling, CVC)는 태아의 선천성 기형을 진단하는 방법으로, 태아의 유전적 이상을 검사할 수 있다. 이는 가느다란 플라스틱 관을 질을 통해서 삽입하거나 혹은 복강을 통해 바늘을 자궁으로 삽입하여 검사하는 방법이다. 융모생체표본이란 태아를 감싸고 있는 융모막 위의 가느다란 실 같은 모양의 융기를 말한다. 이 검사는 양수검사보다 태아의 사망위험이 좀 더 크나, 임신 8주가 되면 실시할 수가 있고, 검사결과를 1~2일 이내에 얻을 수 있다는 장점을 가지고 있다(Zastrow et al., 2001).

4. 산모 혈액검사

산모 혈액검사는 임신 약 15~20주 사이에 이루어진다. 이 검사로 태아의 다양한 상태를 알아낼 수가 있는데, 이는 AFP(alpha-feto protein)이라 불리는 물질의 양을 측정하여 검사가 이루어진다. AFP 수준이 높다는 것은 두뇌와 척수에 이상이 있음을 경고하는 것이다. 또한 다운증후군의 가능성도 검사 가능하다(고지희 외, 2005).

산모 혈액검사의 또 하나의 목적은 산모의 바이러스감염 여부를 조사하기 위함이다. 산모가 B, C형 간염, CMV, 성병, 에이즈, 세균 등의 바이러스가 있는 경우 아기에게 감염될 확률이 높다.

CHAPTER 04

신생아발달

신생아란 새로 태어난 아기란 뜻이다. 출생 후 첫 4주 동안까지를 신생아기(neonatal period)라고 본다. 신생아는 인생의 어느 시기보다도 건강상으로 취약한 시기로, 이환율 및 사망률이 높아 전체 영아 사망의 절반 이상이 신생아기에 일어나는 것으로 알려져 있다. 갓 태어난 신생아는 그동안 양수 속에서 있었기 때문에 손, 발, 얼굴, 몸 전체가 쭈글쭈글하다. 신생아는 힘이 매우 약하며, 머리조차 스스로 가누지 못하기 때문에 신생아를 안게 되면, 특히 목을 지탱해 주는 것이 매우 중요하다. 신생아를 바로 안아들 때 목을 지탱해주지 않으면 목이 뒤로 꺾여 사망에 이를 수도 있다. 신생아의 시력은 아직 사물을 구분할 수 없으나, 대신 다른 감각들에 비해 후각이 매우 발달되어있어 엄마 냄새를 구분할 수 있다. 신생아는 출생 직후부터 스스로 호흡하고 영양분을 섭취하여야 하며, 소리, 빛, 움직임, 추위 등의 자극으로부터도 적응해야 한다. 그러므로 신생아가 주변 환경의 변화에 잘 적응할 수 있도록 양육자의 관심과 배려가 필요하다

제1절 신생아의 신체 및 생리적 특징

1. 신생아의 신체적 특징

신생아는 출생 시 체중은 약 3.3kg이며, 신장은 약 50cm이다. 신생아의 체중은, 출생 후 3~4일 동안은 섭취량보다 수분의 손실이 크기 때문에 체중이 4~10%는 감소하는데, 7~8일 정도가 지나면 출생 시의 체중으로 회복되며, 하루 평균 20~30g씩 증가하게 된다.

신생아의 머리는 몸에 비해서 상당히 크고, 얼굴에 비해 두개골이 엄청나게 크다. 어른의 두개골은 보통 몸의 1/8 정도이지만, 갓난아기는 1/4 정도이다. 신생아는 완전히 뼈가 되지 않은 두개골을 가지고 있고, 곳곳에 숫구멍 또는 정문들이 있다. 가장 큰 것은 다이아몬드 모양의 전정문으로 머리 정면의 꼭대기에 있고, 그다음 큰 것은 삼각형 모양의 후정문으로 머리 뒤쪽에 있다. 나중에 이들은 정밀하게 맞물려 머리뼈가 된다.

2. 신생아의 생리적 특징

신생아의 체온, 수면, 호흡, 맥박, 소화, 배설 등에 관한 생리적 특징은 다음과 같다.

1) 체온

신생아의 체온은 성인보다 약 0.5~1℃ 정도 높은 편이나, 외부 기온에 따라 체온이 올라가고 내려가므로 온도조절에 신경을 써주어야 한다. 일반적으로 신생아는 체온을 유지하기가 힘든데, 그 이유는 열을 생산하지 못하는 것이 아니라, 열을 쉽게 소실하기 때문으로 본다. 왜냐하면 신생아는 피하 지방이 적어 열을 잘 보호하지 못하고, 몸 크기에 비하여 체표 면적이 크고, 양수에 젖어 있는 환경 때문에 열의 소실이 많아지기 때문이다.

2) 수면

신생아는 2~3시간 정도 자고 일어나 젖을 먹고 다시 자며 밤낮의 구별 없이 반복하여 하루 20시간 이상을 잠을 잔다. 밤낮이 뒤바뀌는 경우도 흔하다. 신생아들은 백일을 전후해 수면이 안정되어 밤과 낮을 구분하게 된다.

수면은 생애 초기발달단계에서 대부분의 시간을 차지하며, 신체 및 뇌 발달 모두에 필수적인 과정이다. 아기가 잠자는 동안 근육으로의 혈액 공급이 증가하고, 조직의 증식과 재생이 발생하며, 성장과 발달에 중요한 호르몬이 방출된다. 수면은 아기의 뇌와 중추 신경계를 비롯한 신체 기관이 정상적으로 발달하기 위한 필수적인 과정이다.

신생아기에 18~20시간 정도 자던 아기는 생후 6개월에 이르러 밤에는 자고 낮에는 깨어 있는 성인의 수면 양상을 보이나, 하루 3~4회 정도 낮잠을 잔다. 이후 만 2세경 유아기에 이르면 출생 시 미성숙했던 뇌가 생후 1~2년간 빠른 속도로 성장함에 따라, 수면의 시간도 12시간으로 줄어들게 된다. 렘수면은 30% 정도로 감소하며, 점차 정상 수면(non-REM)이 증가하면서 호흡과 맥박이 규칙적이고, 몸의 움직임이 줄어들어 소용하고 싶은 잠을 취하게 된다. 이후 수면의 전체 시간과 렘수면은 계속해서 감소하여, 13세의 아동은 8시간 정도의 수면을 한다.

표 4-1 신생아의 수면과 각성 상태

상태	특징
활동적 수면 (불규칙적인 수면)	• 표정이 자주 바뀜 • 눈은 감았으나 가끔 눈꺼풀 아래로 눈동자가 빠르게 움직이는 것이 보이고 뇌파가 빠르게 활동함 • 호흡이 불규칙적임
깊은 수면 (규칙적인 수면)	• 눈을 꼭 감고 몸의 움직임이 거의 없음 • 호흡이 규칙적이고 순조로우며 뇌의 활동이 규칙적임
울거나 칭얼대기	• 눈은 반쯤 또는 완전히 감은 상태임 • 울음과 칭얼대는 소리와 함께 심하게 움직임
조용히 깨어 있음 (졸림)	• 눈은 뜨고 호흡은 규칙적임 • 신체적 움직임이 없음
활동적으로 깨어 있음	• 눈을 뜨고 팔다리를 움직임 • 호흡이 불규칙적임

※ 출처: 박성연 외(2003).

3) 호흡과 맥박

막 태어난 신생아의 호흡은 복식호흡이며, 호흡조절능력이 미숙하여 몸의 움직임과 울음에 의해 호흡수가 빨라지는 등 불규칙하다. 그러나 출생 후 2~3일 정도가 지나면 1분에 40~50번 정도로 안정되며, 맥박도 1분에 약 120번 정도이다.

4) 소화와 배설

신생아는 소화 기능이 미숙하여 젖을 먹으면 역류하기 쉬워 잘 토하기도 한다. 신생아는 태어나서 3~4일 사이에 짙은 녹색의 태변을 보며, 장기의 기능이 아직 완벽하지 못하기 때문에 장내의 탄수화물을 분해하는 효소가 부족해서 발효작용을 함으로써 장내를 산성으로 만들어 변의 색깔이 녹색이 된다. 그 이후에는 점차 노란색의 묽은 변으로 변하게 된다.

5) 울음

신생아는 수면시간이 많으며 깨어있는 시간이 적다. 깨어있는 동안 자신의 의사소통방법은 울음이며, 칭얼거리거나 울음소리를 내는 것은 신생아의 유일한 의사를 표현하는 방법이다. 신생아는 상태에 따라 울음소리가 다르며 울음소리는 다음의 세 가지로 구분할 수 있다(Holden, 1998).

표 4-2 **신생아의 울음소리의 형태**

구분	울음소리
배고프거나 피곤할 때	낮은 강도로 시작해서 점차 강해짐
화가 났을 때	격렬하게 운 다음 숨을 들이마시고 내쉬는 순서를 반복함
고통스러울 때	갑자기 시작되어 오랫동안 큰 소리로 울다가 숨을 멈추고 숨을 헐떡임

3. 신생아의 반사운동

신생아의 반사행동은 생존반사와 원시반사로 나눌 수 있다. 생존반사는 신생아의 생존을 위해 필요한 반사행동이고, 원시반사는 진화론적 관점에서 중요한 반사행동이다. 생존반사(survival reflexes)와 원시반사(primitive reflexes)는 다음과 같다(Craig, 1999).

1) 생존반사

- 호흡반사(breathing): 산소를 흡입하고 이산화탄소를 배출하기 위한 행동이다.
- 근원반사(rooting reflex, 젖찾기반사): 신생아의 볼에 접촉을 하면, 그 자극을 향해 고개를 돌리고 마치 젖꼭지를 찾는 것처럼 입을 벌리는 행동을 한다. 근원반사는 생후 3~4개월 동안 지속되며, 생후 약 9개월경이 지나면 사라지게 된다.

- 빨기반사(sucking reflex): 신생아의 입을 접촉하거나 자극하면, 입으로 빨려는 반응을 보이는 행동을 한다. 빨기반사는 생후 1년 정도 지나면 사라지기 시작한다.
- 동공반사(pupillary reflex): 신생아의 동공에 밝은 빛이 들어오거나 잠을 잘 때는 좁아지며, 희미한 빛이 들어오거나 깨어있을 때는 넓어지는 반사적 행동을 한다.
- 눈깜박반사(eye-blink reflex): 눈을 향해 물체가 빠른 속도로 움직일 때에 눈을 깜박이는 반사적 행동을 한다.

2) 원시반사

- 모로반사(moro reflex): 신생아의 머리를 잠깐 위로 들어 올렸다가 갑자기 내려놓거나, 아기를 건드렸을 때, 또는 외부로부터 시끄러운 소리가 났을 때, 팔다리를 펴고 손가락을 펴며 머리를 뒤로 젖히는 반응을 한다. 모로반사는 생후 3~4개월 정도가 지나면 사라지기 시작한다.
- 바빈스키반사(Babinski reflex): 신생아의 발바닥을 간지럽게 하면, 발가락을 발등 위쪽으로 부채처럼 펴는 반사행동을 한다. 생후 6~7개월 정도가 지나면 사라지기 시작한다.
- 파악반사(grasping reflex, 잡기반사): 신생아의 손바닥에 어떤 물체의 자극을 받으면, 그 물체를 강하게 쥐고 당기는 행동을 한다. 파악반사는 생후 1개월이 지나면서 점차 약해져 3~4개월이 지나면 의도적인 잡기 행동으로 대치된다.
- 걷기반사(walking reflex): 신생아의 발이 바닥에 닿아 바른 자세를 취하기만 하면 걸어가듯이 무릎을 구부려 발을 번갈아 땅에 내려놓는 행동을 보인다. 이러한 걷기반사는 생후 약 2개월이 지나면 사라진다.
- 유영반사(swimming reflex): 신생아를 물속에 넣으면, 물 위에 뜨기 위해서 팔다리운동과 호흡을 하는 행동을 보인다. 유영반사는 생후 4~6개월이 지나면 사라진다.

제2절 신생아의 감각 기능

1. 시각

갓 태어난 신생아의 눈에 강한 빛을 가져다 대면 눈을 감는 것을 볼 수 있다. 그러므로 출생 직후에도 광각(光覺)이 있음을 알 수 있다. 그러나 사물이 보이기 시작하는 것은 생후 2개월 가까이 되었을 때이고, 1개월 전후에서는 다만 명암 정도만 알 수 있다.

생후 2일 정도가 되면 빛의 강약에 따른 동공반사를 보이며 밝은 빛에 대해서는 눈을 깜박이고 빛이 있는 쪽으로 시선을 둔다. 그러나 많은 신생아들은 초기에 두 눈의 협응작용이 잘 이루어지지 않아 사시의 경향이 있으며, 생후 7~8주 정도가 되면 두 눈의 협응작용이 잘 이루어지게 된다. 생후 4주경에는 시각의 자극에 따라 눈을 돌리고 물체를 따라가는 추적운동이 가능하게 된다. 생후 1개월에는 사물에 초점을 맞추고 응시하는 것이 가능해지고, 수유 시 엄마와 눈 맞춤이 가능한 18~20cm 이내에서는 움직이는 물체에도 순간적으로 집중할 수 있다. 물체에 초점을 맞추는 시각조절능력(visual accommodation)은 생후 4개월이 되면 성인의 수준에 이르게 된다. 신생아는 정상적인 성인보다 10~30배 정도 시력이 낮아 가까이 있는 것만 볼 수 있다.

2. 청각

출생 시 신생아의 외청도(外聽道)는 분비물·혈액·양수 등 액체로 꽉 차 있고, 고실(鼓室)도 점액으로 차 있어서 잘 듣지 못하나, 1~2일 후에는 소리에 대한 반응을 보인다. 생후 7일 정도가 지나면 작은 소리에도 반응을 보이며, 높고 강한 소리에 대해 민감하게 반응을 보인다. 또한 신생아는 소리의 크기 및 음조뿐만 아니라 말소리도 구분할 수 있다. 생후 2주경에는 사람의 목소리와 다른 소리를 구분할 수 있으며, 3주경에는 낯선 사람의 목소리보다 어머니의 목소리에 더 민감하게 반응한다.

3. 미각

미각은 신생아의 감각 중에서 잘 발달되어 있어 생후 1일부터 젖 냄새나 맛을 안다. 신생아는 단맛을 좋아하여 설탕을 묻힌 장난감 젖꼭지를 빨게 했을 때는 떼를 쓰지 않는다. 그렇지만 쓴맛이나 떫은맛은 태어난 지 얼마 되지 않아서부터 거부하며, 쓴맛이 입에 들어가면 바로 뱉어낸다. 신생아들은 이처럼 이미 미각이 발달해 있지만, 맛에 따라 다른 발달단계를 보인다. 가령 신생아는 달거나 시거나 쓴맛이 나는 자극에는 반응하지만 짠맛에 대해서는 반응을 보이지 않는다. 짠맛에 대한 반응은 4~6개월이 지나야 나타난다.

4. 촉각

신생아는 주로 촉각을 통해 주위환경을 감지하는데, 차고 더운 것, 눌리는 것, 허전한 것, 아픈 것, 닿는 것 등이며, 이는 매우 초보적이다. 태내에 있을 때부터 모체의 복벽(腹壁)을 강하게 자극하면 태동이 심해지는 등 촉각에 반응하며, 통각(痛覺)은 비교적 둔한 편이어서 생후 1주일쯤 지나야 알 수 있다. 통각의 부위를 아는 것은 6개월 이후이고, 완전한 것은 1년 후이다.

5. 후각

신생아의 후각은 잘 발달되어 있지만, 다양한 냄새를 구별할 만큼 발달되어 있지는 못하다. 6일 된 신생아를 대상으로, 모유 수유를 받은 신생아들은 어머니의 젖을 묻힌 거즈와 타인의 젖을 묻힌 거즈를 코에 가까이 댔을 때 어머니의 젖을 묻힌 거즈를 선호하였다(MacFarlane, 1975). 신생아는 자극적인 냄새를 싫어하며 딸기 향과 같은 냄새를 좋아한다. 한 연구를 보면 신생아들은 암모니아나 초산 같은 냄새에 대해서는 고개를 돌리며 맥박과 호흡이 빨라지는 등 거부반응을 보였으나, 향기롭고 단 냄새에는 얼굴을 냄새 방향으로 돌리고 맥박과 호흡이 느려지는 반응을 보였다(Brazelton, 1973).

제5장 영아기발달

PART 03

영아기발달

CHAPTER 05

영아기발달

영아기는 출생 후부터 4주간의 신생아기를 지나 4주부터 2세까지에 해당하는 시기이며, 인간의 발달영역에 있어서 가장 급속한 성장을 이룬다. 대부분 시간을 누워서 지내는 신생아기와는 달리 영아기에는 혼자서 앉고, 걷고, 뛰어다니는 이동 능력이 생기면서 행동반경이 넓어지고 탐색도 많아지게 된다. 영아기에는 신체적인 것뿐만 아니라 두뇌발달도 활발해지고 기억능력도 발달하게 된다.

영아기에 있어서 신체 및 운동의 발달은 인생 초기의 전 영역의 발달에 기초가 된다. 정상적인 신체발달은 영아기의 초기 운동발달과 이후에 나타나는 일반적 운동기능의 발달에 있어서 필수적이다. 신체 및 운동의 발달은 영아가 성장하면서 긍정적 자아개념을 형성하거나 사회관계를 유지하는 데 있어서 중요한 요소가 된다. 그러므로 영아는 무엇보다 무럭무럭 자라고 잘 뛰어놀아야 할 것이다(곽노의 외, 2013).

제1절 영아기의 신체적 발달

1. 영아기의 신체발달의 영역

발달심리학에서 영아기의 신체발달을 세 분야로 구분한다. 첫 번째는 신체적 성장(physical growth), 두 번째는 운동발달(motor development), 세 번째는 감각 및 지각의 발달(sensory & perceptual development)이다.

2. 영아기의 신체적 발달

신생아는 출생 직후 신장 약 50cm, 체중은 약 3.3kg에 달하며, 신체구조는 머리가 신장의 약 1/4 정도이며 머리둘레가 가슴둘레보다 크고 가슴과 배가 크며 팔이 다리보다 길다(이근홍, 2006). 생후 1년이 되면 영아는 출생 시보다 키는 50% 이상 성장하고, 생후 5개월이 지나면 몸무게는 출생 시보다 2배로 증가한다. 1년이 지나면 세배, 2년이 지나면 4배로 증가한다.

신생아는 태어날 때 약 1천억 개의 뉴런과 50조 개 이상의 시냅스를 가지고 태어난다. 특히 출생 후 1년 동안은 시냅스가 급속하게 증가하여 정보처리능력이 향상되고, 이러한 발달은 영아의 운동기능과 지능발달에 영향을 미치게 된다. 영아기의 대뇌피질의 발달특징은 다음과 같다(Huttenlocher, 1994).

- 뉴런(신경세포)의 크기가 증가하고 구조가 복잡해진다.
- 신경세포 주변에 신체지능통제와 반사운동능력을 감당하는 마엘린이라는 지방물질이 형성된다.
- 대뇌피질의 부위에서 신경세포를 서로 연결하는 시냅스의 수가 증가한다. 출생 후 3~5개월 영아기 초기에는 대뇌피질의 시각과 청각을 담당하는 시냅스가 급격히 증가하고, 고등인지능력을 담당하는 대뇌피질의 전두엽발달은 영아기 후반부에 절정을 이루게 된다.
- 대뇌피질과 뇌의 다른 영역인 시상/소뇌/해마의 연결이 이루어진다.

1) 신장과 체중의 변화

우리나라 신생아들의 출생 시 평균 신장은 남아 50.12cm, 여아 49.35cm이며, 평균 체중은 남아 3.41kg, 여아 3.29kg으로 보고되어 있다(소아·청소년 표준 성장도표, 2007).

영아기의 신장 평균발달을 보면 남아의 경우 출생 시에는 50.12cm에서 영아기의 마지막인 24개월에는 86.15cm로, 출생 시보다 약 172%의 증가를 보인다. 여아는 출생 시에는 49.35cm에서 24개월에는 84.97cm로, 역시 출생 시보다 약 172%의 증가를 보이고 있다.

영아기의 체중 평균발달을 보면 남아의 경우 출생 시에는 3.41kg에서 24개월에는 12.33kg으로, 출생 시보다 약 362%의 증가를 보이며, 여아의 경우 출생 시에 3.29kg에서 24개월에는 11.70kg으로, 출생 시보다 약 356%의 증가를 보이고 있다.

표 5-1 소아발육 표준치

남아		연령	여아	
체중(kg)	신장(cm)		체중(kg)	신장(cm)
3.41	50.12	출생 시	3.29	49.35
5.68	57.70	1~2개월	5.37	56.65
6.45	60.90	2~3개월	6.08	59.76
7.04	63.47	3~4개월	6.64	62.28
7.54	65.65	4~5개월	7.10	64.42
7.97	67.56	5~6개월	7.51	66.31
8.36	69.27	6~7개월	7.88	68.01
8.71	70.83	7~8개월	8.21	69.56
9.04	72.26	8~9개월	8.52	70.99
9.34	73.60	9~10개월	8.81	72.33
9.63	74.85	10~11개월	9.09	73.58
9.90	76.03	11~12개월	9.35	74.76
10.41	78.22	12~15개월	9.84	76.96
11.10	81.15	15~18개월	10.51	79.91
11.74	73.77	18~21개월	11.13	82.55
12.33	86.15	21~24개월	11.70	84.97

※ 주: 1~2개월은 1개월부터 2개월 미만에 해당하며, 다른 연령에도 동일하게 적용됨.

※ 출처: 소아·청소년 표준 성장도표(2007).

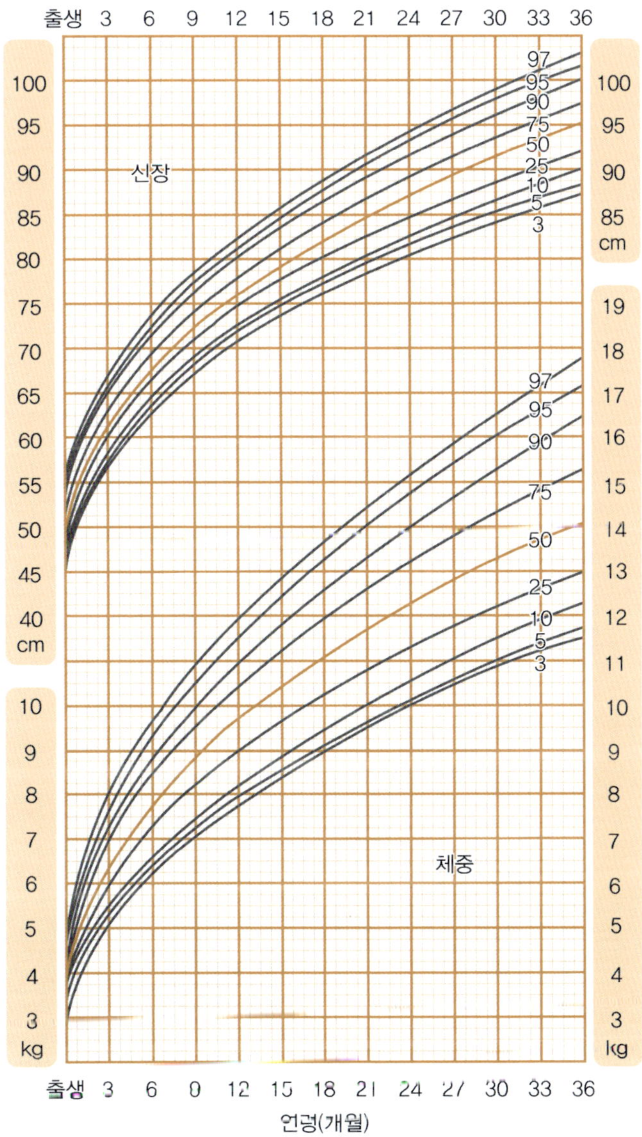

출생 3 6 9 12 15 18 21 24 27 30 33 36
선장
체중
97
95
90
75
50
25
10
5
3
100
95
90
85
80
75
70
65
60
55
50
45
40
cm
10
9
8
7
6
5
4
3
kg
19
18
17
16
15
14
13
12
11
연령(개월)

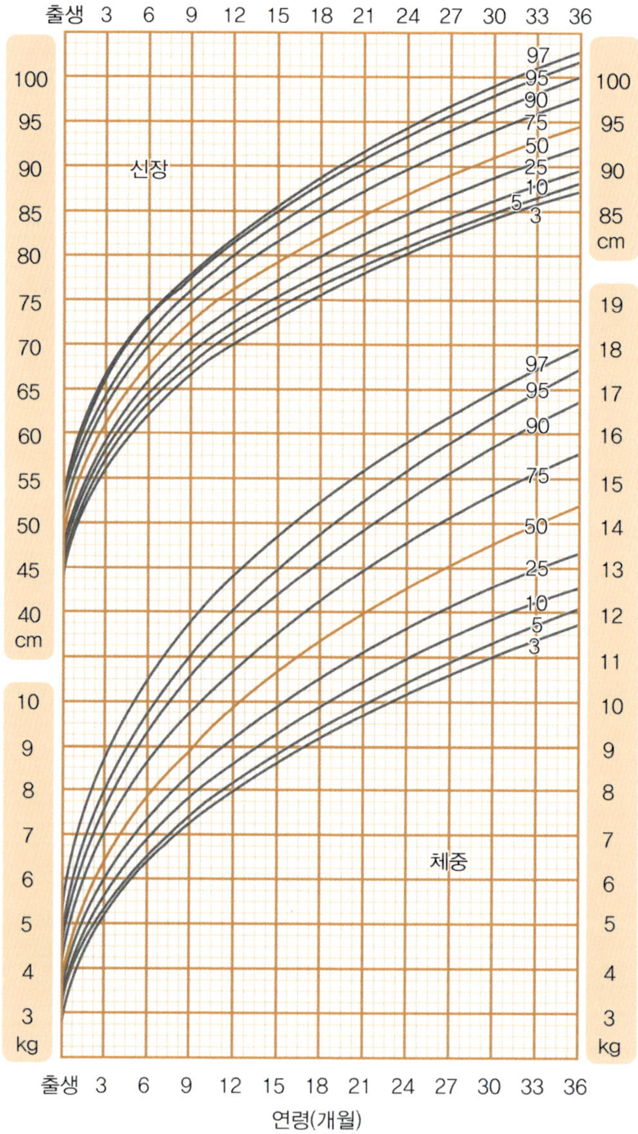

※ 출처: 소아·청소년 표준 성장도표(2007).

※ 남아: 0~36개월, 여아: 0~36개월.

그림 5-1 신장 및 체중의 성장도표

신장과 체중의 남녀 간 차이를 보면 남자아이가 여자아이보다 다소 높게 나타난다. 이러한 차이는 약 10세 이후가 되면 더욱 크게 벌어지나, 성숙은 여자아이가 약 1~2년 정도 빠른 것으로 나타난다.

2) 신체 비율의 변화

신체의 발달에 있어서 두뇌발달이 가장 먼저 일어나는데, 2개월 된 태아는 머리의 크기가 전신의 약 1/2 정도를 차지한다. 출생 시에는 머리의 크기가 전신의 1/4을, 생후 2년이 되면 전신의 1/5을, 성인이 되면 1/8을 차지한다. 출생 후 1년 동안은 몸통이 가장 빠른 속도로 성장하며, 출생 후 1년부터는 성인기에 이르는 동안 다리가 가장 빠른 속도로 성장해 간다.

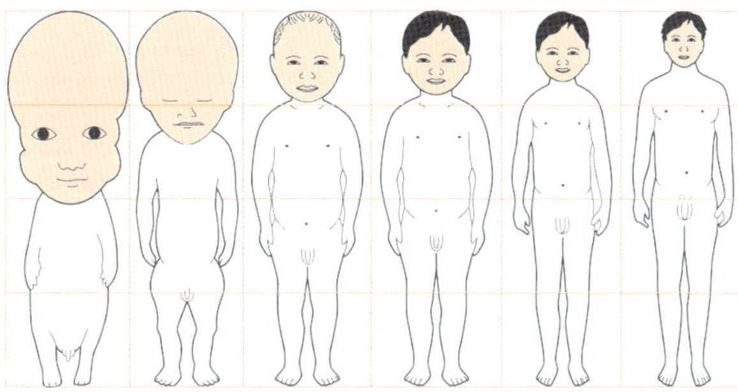

그림 5-2 **신체 비율의 변화**

3. 영아기의 운동발달

영아기의 운동발달은 분화되지 않은 전체적이고 통합적인 움직임으로부터 점차 분화되어 특수한 반응으로 이행된다. 머리운동이 먼저 이루어지며, 팔과 다리로 이행되고 신체의 중앙부에서 말초로 이루어진다. 영아의 운동발달은 신체의 성숙도에 따라 개인차가 크지만 대개 생후 3개월부터 운동기술이 발달한다(이근홍, 2006). 생후 1개월이면 턱 쳐들기, 2개월이면 엎드린 상태에서 머리 들어 올리기/가슴 들기, 3개월이면 몸 뒤집기/구르기, 4개월이면 받쳐 주면 앉기, 6개월이면 혼자서 앉기, 7개월에는 붙잡고 서기, 9개월이면 붙잡고 걷기, 11개월에는 혼자서 서기, 12개월이면 혼자서 걷기, 16개월에는 손잡고 계단 오르내리기, 그리고 24개월에는 혼자 계단 오르내리기 및 달리기 순으로 발달한다.

표 5-2 영아기 운동의 발달 순서

운동 기술	평균 성취 연령	90%의 영아가 성취할 수 있는 연령 범위
손으로 받쳐 주면 머리를 똑바로 세운다.	6주	3주~4개월
엎드린 상태를 팔로 지탱하여 가슴을 일으킨다.	2개월	3주~4개월
옆으로 누웠던 상태에서 바르게 뒤집는다.	2개월	3주~5개월
주사위를 쥔다.	3개월 3주	2~7개월
바로 누웠던 상태에서 옆으로 뒤집는다.	4개월 반	2~7개월
스스로 앉는다.	7개월	5~9개월
긴다.	7개월	5~11개월
붙잡을 것에 기대어 선다.	8개월	5~12개월
다른 사람과 '까꿍'하는 놀이를 한다.	9개월 3주	7~15개월
혼자서 선다.	11개월	9~16개월
걷는다.	11개월 3주	9~17개월
주사위 두 개를 쌓는다.	11개월 3주	10~19개월
무엇인가를 힘 있게 쓴다.	14개월	10~21개월
도움을 주면 계단을 오른다.	16개월	12~23개월

※출처: Bayley(1969), (1993).

영아기의 운동발달에는 체계적인 방향성이 존재한다. 먼저, 발달이 상반신에서 하반신으로 진행된다. 예를 들어, 자신의 머리를 지탱하는 능력이 우선 발달하고, 팔을 이용해 스스로 몸통을 통제하는 것과 다리를 이용해 걷는 능력이 순서대로 발달한다. 둘째는 발달이 몸의 중심부에서 바깥쪽으로 진행된다. 즉, 머리와 몸통, 팔을 조절하는 능력이 손이나 손가락의 운동 능력보다 앞서 발달한다.

영아기에 발달하는 운동 능력 가운데 손을 뻗어 물체를 잡는 능력은 인지발달에 매우 중요한 역할을 하는데, 손 뻗기와 물체 잡기를 통하여 영아는 적극적으로 환경을 탐색할 수 있게 된다. 표 5-3은 손 뻗기와 물체 잡기의 세부발달단계이다.

표 5-3 손 뻗기와 물체 잡기의 세부발달단계

세부발달단계	행동
손 뻗기 전 단계 (pre-reaching, 생후~7주)	이 시기 영아들은 능숙하게 손을 뻗는 행동을 하지 못하는데, 이는 자신의 손을 완벽히 조절할 수 없기 때문이다. 따라서 이 단계의 손 뻗기는 영아가 자신의 몸을 스스로 조절하는 것이라기보다는 손과 눈의 연합 하에 탐색하는 반사 행동에 가깝다.
척골 잡기 (ulnar grasp, 3~4개월 이후)	눈과 머리, 어깨를 조절할 수 있는 능력이 발달함에 따라 생후 3개월에는 손 뻗기가 조금 더 의도적이고 정확하게 나타난다. 척골 잡기는 손바닥을 향해 손가락을 오므리는 동작으로, 이 같은 동작을 통하여 영아들은 주사위 등의 장난감을 잡는 것이 가능해진다. 이러한 잡기 운동은 이후 1년간 더욱 정교하게 발달한다. 어린아이일수록 더 쉽게 잡을 수 있는 큰 물체를 잡으려 하지만, 나이가 들어감에 따라 대상의 크기와 모양에 따라 잡는 방법을 조정하는 방법을 알게 되면서 작은 물체도 잡으려는 모습을 보인다.
다른 손으로 옮기기 (4~6개월 이후)	영아들은 4~6개월 무렵이 되면 스스로 앉을 수 있고 신체의 균형을 유지하는 데 팔이나 손을 쓸 필요가 없어져 환경을 탐색하는데 손을 자유롭게 쓸 수 있다. 이 시기의 영아들은 물체를 한 손에서 다른 손으로 옮기기도 하고, 한 손으로 잡고 있는 물건을 다른 손의 손가락으로 만지면서 탐색 활동을 하기도 한다.
손끝 집기 (pincer grasp, 1년 이후)	생후 1년이 지나면 엄지와 검지로 물체를 집는 행위가 가능해진다. 따라서 건포도나 풀잎같이 크기가 작은 물체를 집어 올릴 수도 있고, 손잡이를 돌리거나 작은 상자를 열고 닫을 수도 있다.

4. 영아기의 생리적 기능

영아기의 생리적 기능을 보면, 규칙적인 수면과 배설, 섭식을 통한 기본적인 생리적 습관을 형성하게 된다. 영아는 밤과 낮이 고정되면서 수면 상태가 대체로 고정되며, 수면시간도 감소한다. 이유식을 시작하고 배변훈련을 통해 자율적인 통제가 가능하다. 생리적 기능의 변화와 발달은 개월 수가 증가하면서 점차적으로 고정되며, 규칙적으로 변하게 된다(김선아 외, 2006).

제2절 영아기 감각의 발달

신생아들은 태어나면서 감각기관을 통해 수많은 정보를 받아들이기도 하며, 울음 및 소리내기, 반사행동으로 자신의 반응을 부모나 주변 사람들에게 알린다. 지금까지의 연구에 의하면, 신생아들의 감각기능은 미성숙하지만, 우리가 알고 있는 것들보다 더 발달되어 있다고 한다. 신생아들이 보이는 모든 반응은 감각기관을 통한 자극에 의해 일어나며, 이러한 감각은 자신과 외부 세계를 인식하는 기초가 된다.

1. 시각의 발달

감각의 정보 중 약 80%가 눈을 통해서 들어오는데, 시각은 가장 중요한 감각기관이나, 가장 늦은 발달을 보인다. 이는 시각조절 대뇌피질이 늦게 성숙하기 때문으로 본다. 태아기에서 임신 4주가 되면 눈이 형성되고 약 6개월 정도가 되면 시각 기관이 완성된다. 약 7개월 정도가 되면 강한 빛에 반응을 보이는 것으로 연구되었다.

영아의 시력을 측정하면, 생후 1개월째에는 50cm 떨어진 엄마의 얼굴은 단지 뭔가 있다는 정도로밖에 지각하지 못하나, 엄마를 다른 사람과 구별할 수는 있다. 엄마에게서 풍기는 냄새나 목소리를 통한 구별을 못 하도록 엄마의 얼굴을 비디오 화면으로 보여 준 경우에도 엄마의 얼굴에 반응하는 것을 확인할 수 있다.

생후 약 3~4개월이 지나면 사람 얼굴의 윤곽을 알아보고, 행복한 얼굴과 놀란 얼굴, 화난 얼굴 또는 무표정한 얼굴을 구분할 수 있다. 사물이 움직이면, 그것을 따라 시선을 옮길 수도 있으며, 색채에 대한 지각도 이때 발달하여 빨강, 파랑, 노랑을 구별할 수 있다. 그러다가 시력은 생후 6~9개월에 걸쳐서 빠르게 좋아지고 1년이 지나면 사물을 대략 구별할 수 있을 정도가 된다(최현석, 2009). 생후 11개월까지 시각의 발달은 다음과 같다.

표 5-4 시기별 시각발달 내용

시기	내용
생후 1일	신생아의 눈꺼풀은 부풀어 있는 경향이 있지만 눈에 빛을 비추면 동공이 수축되는 동공반사를 보인다.
생후 2~3일	완전하지는 않지만 신생아는 움직이는 물체를 눈으로 추적할 수 있으며, 어떤 아기들은 출생 직후에 움직이는 물체를 쫓아 머리를 돌릴 수 있으나 대부분의 아이들은 몇 주가 지나야 가능하다. 대부분의 신생아는 초기에 두 눈의 협응작용이 잘 이루어지지 않기 때문에 사시 현상이 나타나며, 졸릴 때나 피로할 때 더 현저하게 나타난다.
생후 5일	여러 색채나 무늬를 준 사람의 얼굴을 가장 오랫동안 응시한다.
생후 1주일	신생아들은 다가오는 물건에 대해 방어할 뿐 아니라 다가오는 물건의 방향도 식별할 수 있다.
생후 10일	신생아들은 출생 직후 몇 시간 후부터는 물체가 움직일 때 그 물체를 따라 눈도 움직일 수 있게 되며, 생후 10일 이후에는 좌우, 상하, 둥글게 움직이는 물체를 눈으로 추적할 수 있게 된다.
2주	아기들은 비교적 큰 물체가 자신에게 접근할 때 머리를 뒤로 젖히고 팔을 들고 울게 된다. 신생아의 눈은 약 20cm 전방에 초점이 맞추어져 있어 이 위치에 있는 것만을 똑똑히 볼 수 있다. 완전하지는 않지만 색과 명암의 구분이 가능해진다.

(계속)

시기	내용
1개월	시각 자극에 따라 눈을 돌리고 움직이며 물체를 따라가는 추적운동이 가능해진다. 빛이나 색채, 움직이는 물체에 대해 민감하게 반응하며, 주위 환경의 변화도 알아차릴 수 있다. 신생아의 시각은 비록 어머니의 얼굴과 중요한 물건은 알아보지만, 시선은 흐릿하고 모양이나 색깔대비를 완전히 구별할 수는 없다. 접촉이나 움직임을 통하여 위험을 감지할 수가 있으나, 시각을 통해서는 감지할 수 없다.
7~8주	두 눈의 협응작용이 잘 이루어져 눈의 사시 현상을 사라진다. 생후 15일이 되면서 아직 형태 식별은 어려우나 색채 식별이 가능하여 흰색, 황색, 녹색, 청색, 적색의 순서로 반응을 보인다. 여아가 남아보다 시각능력이 더 발달하여 색채를 잘 식별한다. 즉, 8주가 되면 여러 색을 구분하게 된다.
2~3개월	수직 방향의 추적이 가능해진다. 출생 후 2개월 반이 되면 어떤 방향으로든 추적이 가능하다.
4~8개월	색 변별이 가능하다. 신생아 및 초기 영아의 눈은 각막이 비대칭이기 때문에 생후 1년 동안 난시의 경향이 있다. 이 시기에 이르러 성인 수준의 수정체 조절이 가능해진다. 성인과 같은 원활한 시각적 추적을 보이고, 성인 수준의 시각의 정확도를 보이며, 대칭과 비대칭을 구분한다. 6개월이 되면 눈 움직임이 자연스러워진다.
11개월	출생 직후부터 망막은 상당히 빠른 속도로 성장하여 이 시기에 이르러 성인과 같은 망막을 갖게 된다.

※ 출처: 김이연 외(2016). 영아발달. p.163.

2. 청각의 발달

청각능력은 태아기부터 형성되어 출생 후에도 엄마의 목소리를 기억할 수 있다. 생후 3일 된 신생아는 엄마의 목소리와 다른 여성의 목소리를 구별할 수 있으며, 생후 4~6개월경에는 소리가 나는 방향을 정확히 알 수 있다(문정화 외, 2011).

신생아는 소리의 강도에 따라 민감한 반응을 보이는데, 낮은 소리가 계속되면 자신들의 신체 움직임을 줄여 조용히 움직이고, 높은 강도의 소리에는 긴장하는 모습을 보인다. 또한 신생아는 높은 음색의 여성 목소리에 잘 반응하고, 엄마의 목소리를 선호하며, 사람들의 목소리를 듣고 그 차이를 구분할 수 있다(곽노의 외, 2013).

표 5-5 영아기 청각발달

월령	청각 변별
출생 후 10분	소리 나는 쪽으로 고개를 돌릴 수 있다.
2~3주	남자 목소리보다 여사 목소리를 더 선호하고, 엄마의 음성을 식별할 수 있다.
1개월	각종 소리에 대해 고개를 돌리고 정서적으로 반응한다. 소리에 대한 반응은 언어발달의 기초가 된다. 어머니의 목소리와 낯선 사람의 목소리를 구분한다.
2~3개월	어머니가 하는 말에 반응한다. 생후 5개월이 지났는데 목소리나 다른 소리에 반응하지 않는다면 북소리 등 큰 소리를 이용해 청력검사를 실시하는 것이 필요하다.
5~6개월	월령에 따라 향상되는 청각 기술은 기본적으로 소리의 위치를 확인하는 능력이다. 대부분의 영아들이 이 시기가 되면 소리의 위치를 익숙하게 판단할 수 있다.
12개월	성인수준의 청각능력을 갖는다.

※ 출처: 곽노의 외(2013). 영아발달. p.156.

3. 미각의 발달

설탕을 묻힌 장난감 젖꼭지를 신생아에게 빨게 했을 때는 떼를 쓰지 않는 것으로 보아 신생아는 단맛을 좋아한다. 그렇지만 쓴맛이나 떫은맛은 태어난 지 얼마 되지 않아서부터 거부하며, 쓴맛이 입에 들어가면 바로 뱉어낸다. 신생아들은 이미 미각이 발달해 있지만, 맛에 따라 다른 발달단계를 보인다. 신생아는 달거나 시거나 쓴맛이 나는 자극에는 반응을 보이지만 짠맛에 대해서는 반응을 보이지 않는다. 짠맛에 대한 반응은 4~6개월이 지나서야 나타나는 것으로 보인다.

신생아는 6개월이 지나면 보통 이유식을 시작하는데, 이 시기가 향후 음식 선호에 많은 영향을 미치는 것으로 보인다. 한 실험을 보면 하루 한 번씩 당근 주스를 마신 임산부가 낳은 아이는 그렇지 않은 아이보다 생후 6개월 때부터 당근 맛이 나는 이유식을 선호하는 경향을 보였으며, 또한 모유를 먹는 아기 중 상당수가 마늘, 알코올과 바닐라 맛을 엄마의 모유에서 식별해 내는 것으로 나타났다. 그러므로 여러 가지 음식을 가리지 않고 섭취하는 어머니의 젖을 먹고 자란 아이는 편식할 가능성이 줄어드는 것으로 볼 수 있다(최현석, 2009).

4. 후각의 발달

후각은 태어나면서부터 잘 발달되어 있어 신생아의 경우 젖 냄새를 구별할 수 있다. 생후 4~5일이 지나면 냄새로 모유 방향을 감지할 수도 있으며, 1개월이 지나면 자기 엄마와 다른 사람의 모유를 냄새로 구별할 수도 있다. 신생아는 다양한 후각 자극에 몸놀림이나 표정으로 반응을 보인다(최현석, 2009).

5. 촉각의 발달

피부감각을 느끼는 것은 태어나서 약 1년이 지나서이고, 7~8세가 되면 촉각은 거의 성숙하여 자기 몸의 어디에 뭔가가 닿았는지 매우 정확하게 말할 수 있다. 그동안 엄마와 피부를 접촉하는 행위는 촉각뿐만 아니라 정서적 안정감도 발달시키는데, 엄마는 아이가 울면 안아 주고 달래어 정서적 안정감을 준다.

할로(H. Harlow)는 원숭이 실험으로 촉각과 정서적, 사회적 기능의 관계를 밝혀냈다. 이 실험에서는 어린 원숭이들이 태어나자마자 어미 원숭이에게서 분리되어 6개월 동안 인형 대리모와 함께 지냈다. 두 개의 대리모 인형에는 젖병을 달았는데, 하나의 대리모 인형은 철사로, 다른 하나는 부드러운 헝겊으로 만들었다. 그리고 어린 원숭이들이 어떤 인형과 시간을 많이 보내는지를 관찰하였다. 결과 어린 원숭이들은 어떤 대리모 인형이 먹이를 주든 간에 헝겊 대리모와 더 많은 시간을 보냈다. 그러므로 할로는 아기 원숭이가 엄마와 애착을 형성하는 데 편안한 촉감이 중요한 요인이라고 결론 내렸다. 영장류인 인간도 다른 원숭이들과 마찬가지로 스킨십을 통해 타인과 유대를 쌓는다. 원숭이의 털 고르기와 마찬가지로 사람과 사람이 접촉하는 행위는 강한 애정을 동반한다. 촉각의 발달 과정에서 적당한 스킨십이 결핍되면 사춘기 이후 충동성, 공격성, 자폐적인 성향 등을 초래할 수도 있다(최현석, 2009).

제3절 영아기의 인지발달

인지(cognition)란 지각, 판단, 추리, 결정, 이미지 형성, 기억, 이해 등 외적 세계 및 내적 세계로부터의 단서를 근거로 사물, 사상에 대한 지식을 획득할 때 작용하는 능동적 정보수립 및 처리활동이라 말할 수 있다. 또한 인지의 과정으로서는 지각, 기억, 사고의 모든 것을 포함한다. 영아기는 인지발달이 급격하게 이루어지는 시기이며, 자극에 반응하는 반사적 유기체에서 점차 자신의 행동을 통제하고, 사고할 수 있는 유기체로 발달된다(임은희, 2005).

1. 피아제의 인지이론

피아제는 출생 후 2세까지를 감각운동기(sensory motor stage), 2세에서 7세까지를 전조작기(pre operational stage), 7세~11세까지를 구체적 조작기(concrete operational stage), 11세~15세까지를 형식적 조작기(formal operational stage)로 구분하여 인지발달을 설명하고 있다.

표 5-6 피아제의 인지발달단계

발달단계	연령	특징
감각운동기	0~2세	• 감각운동 기능에 의한 반복활동(빨기, 잡기, 불기 등)을 한다. • 대상영속성의 개념을 획득한다.
전조작기	2~7세	• 언어를 습득하여 상징적 사고가 가능해지지만, 자기중심적이며, 직접적인 경험에 한정되어 있다.
구체적 조작기	7~11세	• 논리적 사고가 가능해지고, 보존개념을 획득하게 되며, 분류 및 서열에 대한 개념을 습득하게 된다.
형식적 조작기	11~15세	• 추상적 사고가 가능해진다. 과학적 사고를 통해 체계적인 문제해결을 하게 된다. • 과거-현재-미래를 연결할 수 있다.

출처: 김이영 외(2016). 영아발달. p.196.

피아제의 인지발달단계를 보면 출생부터 약 2세까지는 감각운동기에 해당이 되며, 이 시기의 영아는 감각이나 운동기술을 사용하여 주변을 탐색하고 적응해 나간다. 감각운동기에 획득하는 주요 능력은, ① 오감을 통해 얻은 정보를 협응하고 통합하는 능력, ② 외부세계는 영속적으로 존재하고, 그 실재가 아동의 지각에 따라 좌우되지 않는 대상영속성의 발달, ③ 목표 지향적 활동을 할 수 있는 능력이 발달하는데, 영아가 어떤 사물을 갖기 원한다면 그것을 갖기 위해 여러 가지 다른 행동을 할 수 있으며, 이전에 시도하지 않았던 새로운 행동을 할 수 있다(이유미 외, 2014).

피아제의 인지발달단계의 감각운동기는 6개의 하위단위로 구분된다.

- 제1단계(출생~1개월): 감각운동기의 첫 번째 단계는 반사기이다. 반사기는 반사활동만 할 수 있는 시기이고, 이러한 반사활동으로 주변 환경과 접촉하여 적응적인 방향으로 수정되는 시기이다.
- 제2단계(1~4개월): 두 번째 단계는 1차 순환반응기이다. 이 시기는 손과 입의 협응으로 주변을 탐색하고 흥미로운 결과를 얻었을 때 이를 반복하여 대상의 특성을 발견하는 시기다.
- 제3단계(4~8개월): 세 번째 단계는 2차 순환반응기이다. 이 시기는 손과 눈의 협응시기로 활동 자체의 흥미가 아니라 환경 내의 변화에 흥미를 갖게 되며, 자신의 행동에 대한 결과를 예측할 수 있게 되므로, 원하는 결과를 얻기 위해 의도적으로 행동을 한다.
- 제4단계(8~12개월): 네 번째 단계는 2차 순환반응협응기이다. 이 시기는 대상영속성을 획득하는 시기이고, 친숙한 행동이나 수단을 사용하여 새로운 결과를 얻기 위해 의도적인 행동을 하고, 처음에 숨겨진 장소에서 대상을 찾을 수 있는, 즉 대상영속성의 개념이 발달하는 시기이다.
- 제5단계(12~18개월): 다섯 번째 단계는 3차 순환반응기이다. 이 시기는 사물의 속성을 알아보기 위해 의도적으로 조작을 해보는 시기이다. 이러한 과정이 성

인에게는 호기심으로 보이게 된다. 부모가 체중계에 올라가는 행위를 영아는 의미를 모르면서 단순히 체중계에 올라가는 행위를 따라서 한다. 이것을 모사라고 한다. 부모의 의도를 알고 따라 하는 행위를 모방이라고 한다. 저울 눈금 바늘이 움직이는 것과 그에 따른 반응 등이 점점 정교화 세미화해 간다.

- 제6단계(18~24개월): 여섯 번째 단계는 내적 표상단계이다. 이 시기는 표상 및 상징적 기능이 출현하는 시기이며, 행동 전에 사고를 통하여 행동의 결과를 예측할 수 있고, 수단과 목적의 관계에 대해 정신적 조작이 가능해지는 시기이다.

제4절 영아기 언어발달

인간이 동물과 구별되는 특징 중의 하나가 발달된 언어이다. 언어는 인간이 인간다운 생활을 영위하기 위해 필수적인 것이며, 인간이 오늘날의 모습으로 발달할 수 있었던 가장 근본적인 힘은 언어의 사용으로 볼 수 있다. 우리는 말을 배우기 시작한 이후 자연스럽게 언어를 사용하여 사고하고, 타인과 의사소통을 하며 자기의 생각을 표현한다. 인간 이외의 동물도 의사소통을 하고 있으나 인간의 언어와 동물의 의사소통 수단들은 질적으로 다르다고 볼 수 있다(Chomsky, 1968).

1. 언어발달이론

인간은 언어를 통하여 정보, 의미, 감정, 사고 등을 교환하고, 생각을 조직하며, 정서를 표현하기도 한다. 인간은 직접적인 경험을 통해서 배우는 것보다도 언어를 통해서 간접적으로 배우는 것이 더 많다. 영아의 언어발달을 설명한 이론을 보면, 언어 습득은 경험을 통해서 학습된 결과로 보는 행동주의이론, 유전적인 결정체에 의해서 이미 결정되어 있다고 보는 생득이론, 생물학적 요인과 환경적인 요인들이 사회환경 속에서 복잡하고 역동적인 과정을 거쳐 일어난다고 보는 상호작용이론 등이 있으며 서로의 입장을 달리하고 있다.

1) 언어발달에 있어서 행동주의이론의 견해

행동주의이론가들은 언어의 습득을 조작적 조건형성 및 모방의 결과로 보았다. 영아들이 무작위적인 소리를 내다가 성인언어에 가까운 소리를 낼 때 미소, 관심 혹은 말로 응해 줌으로써 강화를 해준다는 것으로, 영아들은 강화된 소리를 자꾸 반복해서 사용하게 된다. 또한 성인이 내는 소리를 그대로 모방하는데, 이에 대해서 양육자가 강화를 해준다. 이러한 조작적 조건 및 모방에 의해 의미 있는 말을 하게 된다.

행동주의이론의 예를 들면, 영아가 '마마'라고 말을 할 때 엄마가 영아에게 미소를 짓거나 먹을 것을 주게 되면 영아는 엄마의 이러한 행동에 강화를 받아 '마마'라는 말을 자주 사용하게 되고 이후 '엄마'라는 말을 할 수 있게 되는 것이다. 영아의 언어표현이 정확하고 적절한 경우에 강화가 주어지고, 적절하지 않은 경우에는 강화가 주어지지 않으면 잘못된 언어는 사라지게 되며, 이러한 과정을 거치면서 영아의 언어는 수정되거나 진보하게 된다고 본다.

행동주의이론의 대표적인 학자인 스키너는 자신의 저서 '언어적 행동'에서 아이가 언어를 획득해 가는 세 가지 방법을 제시하고 있다(이차숙 외, 1994).

① **요구발화반응**: 이는 '명령'과 '요구'라는 낱말을 따서 스키너가 만들어 낸 용어이다. 영아가 우연히 '무', '무'하는 옹알이를 했을 때, 엄마는 영아가 '물'을 달라고 하는 소리로 해석하고 물을 주면서 영아의 요구에 응하면, 영아는 물을 먹고 싶을 때마다 '무', '무' 소리를 낼 가능성이 커진다고 본다.

② 접촉반응: 영아가 우연히 목욕을 하면서 '무', '무' 하는 소리를 낼 경우, 처음에 '물'이라는 낱말과 상관이 없지만, 엄마는 이 소리를 '물'이라고 해석하고 영아에게 적당한 보상을 준다. 이러한 과정이 목욕을 할 때마다 계속해서 일어나면, 영아는 물을 접촉하면서 '무', '무'라는 소리를 물이라는 낱말과 연결시켜 배우게 된다.

③ 반향적 조직반응: 어른의 소리를 그대로 반향한다는 말이다. 영아는 '물'이라는 소리를 계속 듣고 자기도 '무', '물'이라고 엄마의 흉내를 내서 말하게 되었는데, 이때 엄마가 뽀뽀를 해 준다든지 껴안아 주면서 말을 했다고 좋아해 주면, 영아는 이제 완전히 물이라는 단어를 배우게 된다는 것이다.

2) 언어발달에 있어서 생득이론의 견해

촘스키(Chomsky, 1986)는 언어를 이해하고 배우는 능력은 인간의 고유한 특성으로 뇌 속에 언어의 보편적인 지식, 즉 언어의 심층구조가 이미 구축이 되어 있기 때문에 태어나면서부터 언어획득장치(LAD: Language Acquisition Devicre)를 통해 언어를 습득할 수 있다고 주장한다. 또한 그는(Chomsky, 1957) 언어를 문법적 구조인 표층구조(surface structure)와 언어의 의미인 심층구조(deep structure)로 구분하였는데, 언어발달에 있어서는 문법보다도 의미를 강조하였다. 그는 영아의 초기언어발달은 심층구조인 언어획득장치를 통해서 언어를 수용하였다가 외부환경으로부터 어떠한 특정한 소리나 반응을 접하게 되면 서로 의사소통이 가능한 형태, 즉 동일한 표층구조로 언어를 산출하게 되는데, 이것이 모국어의 학습이라고 하였다(강경미, 2008).

언어습득장치(LAD)의 존재 이유를 다음과 같이 설명하기도 한다(노명한 외, 1994).

① 모든 언어는 표층(surface structure)구조와 심층구조(deep structure) 두 가지 수준으

로 구성된다: 표층구조란 구문 규칙에 의한 문장의 외형적인 구조를 말한다. 심층구조란 의미와 관련된 문장의 구조를 말한다. 모든 언어는, 표층구조는 서로 다르나, 심층구조는 보편적 특성이 있다. 어느 문화권의 언어이든지 언어는, 주어와 서술어로 이루어져 있고, 의문문, 명령문, 부정문이 존재하는데, 인간은 심층구조를 먼저 획득하고 다시 음성학적인 구문, 즉 표층구조를 바꾸는데, 이 과정에 변형문법을 적용할 수 있는 능력을 생득적으로 갖고 태어나기 때문에 가능하다고 본다.

② 영아의 언어획득과정을 보면 세계의 어떤 언어든 간에 발달순서에 보편적 유형이 있다: 생후 1년 사이의 자음의 발달은 목의 가까운 부분부터 앞쪽의 발음으로 발달되며, 모음의 경우는 중설음에서 전후 방향으로 발달된다. 어휘 발달의 경우에도 처음에는 옹알이, 일어문, 이어문 순으로 발달해 나아간다.

③ 언어 획득은 다른 발달과 마찬가지로 결정적 시기(critical period)에 쉽게 빨리 이루어진다: 언어 획득의 결정적 시기는 2세~사춘기 전까지인데, 2세 이전에는 인간의 성숙 요인 때문에 언어 획득이 어렵다고 보며, 사춘기 이후에는 언어 기능의 측면화(laterlization) 현상 때문에 언어 획득이 어렵다고 본다.

3) 언어발달에 있어서 상호작용이론의 견해

언어 습득이 생득적이라는 학설에 대한 비판으로, 1970년대 중반에 상호작용이론이 부각되었다. 상호작용이론을 보면 사회적, 언어학적, 성숙적, 인지적 등의 요인이 언어발달에 영향을 주게 되며, 이러한 요인들이 상호작용하고 서로 수정하면서 언어가 발달한다고 본다(이영자, 1994).

(1) 인지적 상호작용

인지적 상호작용주의자들은 언어발달이 주로 비언어적인 인지발달에 의존한다고 보았으며, 언어는 생득적 특성보다는 인지적 성숙의 결과로서 획득되는 것이라고 보았다. 피아제는 언어가 사고의 정교화에 필수적인 역할을 하지만, 사고발달에 주도적인 역할을 하지는 않으며, 언어의 발달은 인지발달과 상징적 기능의 이해에 기초한다고 본다(김이영 외, 2016).

영아는 감각운동기 동안 자신의 직접적 행위를 통해 환경의 구조를 학습하는데, 행위에 의해서 얻은 지식은 성숙, 평형 그리고 경험의 종합적 작용의 결과이다. 또한 경험을 통해서 지식을 구성할 수 있으며, 지식은 순서적 가르침과 학습 기법(반복, 모방, 강화 등)을 통해 영아에게 수동적으로 전달되는 것이 아니라 경험을 통해서 능동적으로 구성된다. 언어라는 것의 복잡한 구조는 영아의 현재 인지적 기능의 수준과 언어적·비언어적 환경 간의 계속적인 상호작용의 결과이다(김이영 외, 2016).

(2) 사회적 상호작용

사회적 상호작용주의자들은 생득이론과 행동주의이론을 복합적으로 받아들이고 있는데, 사회적 상호작용주의의 대표적인 학자인 비고츠키(Vygotsky, 1962)는, 언어발달은 사회적 경험이 내면화되는 것이며, 사회적 언어가 개인의 언어를 형성해 준다고 보았다. 영아는 처음에 언어를 사회적 상호작용의 도구로 사용하다가 점차 놀이를 할 때 크게 말하거나 의도한 행동을 말로 하면서 환경과 개인적 상호작용을 시작하며, 그 결과 언어가 영아의 행동 구조의 근원이 되거나 사고를 지시하는 근원이 된다고 본다(김이영 외, 2016).

사회적 상호작용과 관련된 이론을 보면, 언어의 사용과 기능을 강조하는 것은 학습이론과 유사하나, 사용되는 언어 자체에 직접적인 강화를 하는 행동주의이론과는 다르게 영아를 역동적인 상호작용 과정에서 능동적인 참여자로 본다는 것에 차이가 있다(Owens, 1995; Pflaum, 1986).

2. 언어의 요소

언어는 5개의 요소로 구성되어 있는데, 음운론적 지식, 의미론적 지식, 구문론적 지식, 형태론적 지식, 화용론적 지식이 있다. 각 요소의 획득은 각기 다른 요소의 숙달을 촉진시킨다(신은영, 2017 재인용).

1) 음운론적 지식

음운론이란 언어의 소리체계를 의미하며 소리의 강약, 억양, 발음 등을 포함하는데, 즉 말소리의 구조와 순서를 관장하는 규칙을 의미한다. 각 언어는 소리의 기본 단위인 자음과 모음 각각의 음소를 결합하는 규칙과 결합된 음소를 어떻게 발성하는지에 대한 규칙을 갖고 있는데, 한국어의 음소는 약 30개 정도이다. 모국어의 음소를 정확하게 발음하는 능력을 획득하는 것은 음운론적 발달이 이루어졌다고 볼 수 있다.

2) 구문론적 지식

구문론은 문장을 구성하는 단어들의 문법규칙에 관한 것이며, 언어를 바르게 말하고 사용하는 능력은 올바른 문법을 사용하는 구문론적 규칙을 배웠다는 것을 의미한다. 한국어와 영어의 단어배열의 순서는 다른데, 한국어는 주어, 목적어, 서술어 순으로 배열되지만, 영어는 주어, 서술어, 목적어 순으로 배열된다. 한국 사람이 영어를 습득하려면 새로운 구문 형태를 배워야 하기 때문에 어려움을 동반할 수 있다.

3) 형태론적 지식

형태론은 단어의 구성 체계를 말하고, 형태소는 특별한 의미를 전달하는 소리의 기본단위를 말한다. 대부분의 단어는 한 개의 형태소로 구성되어 있지만 두 개 이상의 형태소로 구성되어있는 단어도 있다. '발달' 등의 단어는 한 개의 형태소로 구성되어 있고, '엄마의'는 '엄마'와 '의'라는 두 개의 형태소로 구성되어 있다.

4) 의미론적 지식

의미론은 단어의 의미 또는 조합된 단어들의 내용을 말하는데, 단어는 사용되는 문장에 따라 의미가 달라지기도 한다. 예를 들어, '여아'라는 단어와 '소녀'라는 단어는 여성이라는 공통의 의미를 갖고 있지만 연령의 의미에서는 차이가 있다. 또한 "자동차가 영희에게 빵을 달라고 말합니다"라는 문장은 구문론적으로는 문제가 없지만, 의미론적으로 보면 자동차는 말을 하지 못하기 때문에 잘못된 문장이라고 볼 수 있다.

5) 화용론적 지식

화용론은 의사소통을 잘하기 위해서 문화와 상황에 맞는 언어를 적절하게 사용하는 규칙을 말한다. 화용론은 사회 언어적 지식을 포함하고 있으며, 문화권마다 말하는 예법과 규칙이 있기 때문에 이에 대한 지식이 있어야 말을 잘 할 수 있게 된다. 우리나라의 언어를 보면 어른에게는 존댓말을 써야 하고, 공식 행사를 진행할 때는 정중한 말을 사용하여야 한다. 성공적인 의사소통을 위해서는 말하고 있는 장소가 어디이고, 누구와 말을 하고 있으며, 듣는 사람이 대화내용에 대해서 이미 얼마나 알고 있는지, 듣는 사람의 욕구가 무엇인지, 무슨 이야기를 듣고 싶어하는지, 대화 내용을 이해하고 있는지 등을 고려해야 한다.

3. 영아기의 언어발달

영아기의 언어발달은 언어이전시기와 언어시기로 나눌 수 있는데, 언어이전시기는 울음, 쿠잉, 옹알이 등을 들 수 있으며, 언어시기는 한 단어시기, 두 단어시기로 나누어서 볼 수 있다.

1) 언어이전시기

(1) 울음

울음은 신생아가 세상과 의사소통할 수 있는 최초의 수단이다. 신생아에게 울음은 의사전달의 한 가지 형태이며, 자신의 욕구를 표시하면서 양육자와 소통하는 유일한 방법이다. 그러나 생후 1개월 이전에는 영아의 울음은 미분화된 상태로서 배가 고파서 우는지, 아파서 우는지 구별하기가 어렵다. 그렇지만 생후 약 1개월이 지나면 울음소리가 분화되기 시작하여 정확한 의사전달을 할 수 있게 된다. 배가 고플 때, 아플 때, 졸릴 때, 기저귀가 젖었을 때 등 불편함이 있을 때 울음의 패턴과 강도, 고저의 변화가 있게 된다. 고통의 울음은 갑자기 크게 불규칙하게 울며, 배가 고플 때는 울음소리가 점점 커지고 울다가 입술을 빨기도 한다(신은영, 2017). 배가 고프거나 놀아달라고 할 때는 울음소리의 높낮이가 규칙적이고, 불만이 있거나 몸이 불편할 때는 낮고 작은 소리로 칭얼대듯이 울며, 고통에는 비명을 지르듯이 또한 숨이 넘어갈 듯이 불규칙적으로 운다. 이러한 영아의 울음은 주변 사람들에게 자신의 욕구와 감정을 알리고 의사를 전달하게 된다.

(2) 쿠잉

출생 후 약 2개월 정도가 되면 영아는 기쁘거나 만족스러울 때에 소리내기를 하는데, '우우……', '어어……'와 같은 목 울림소리를 낸다. 이를 쿠잉(cooing)이라고 한다. 쿠잉은 주로 'U'자 소리를 내기 때문에 쿠잉이라고 하며, 양육자가 영아의 쿠잉에 반응하여 함께 소리를 내어 주기 때문에 쿠잉단계에 있어서 양육자와 영아 간의 상호교환적인 의사소통이 시작된다고 볼 수 있다. 쿠잉은 상대에게 자신의 만족스러운 감정을 표현하는 영아의 의사소통 수단으로도 볼 수 있다.

(3) 옹알이

생후 3~6개월경에 영아는 소리를 반복적으로 내는 음성놀이를 즐기게 되는데, 이를 옹알이(babbles)라고 부른다. 옹알이는 '바, 가, 마' 등과 같은 자음과 모음이 결합된 소리를 내게 된다. 생후 6개월경에는 음절을 하나하나 따로 소리내기 보다는 '마……마……마……마……'와 같이 음절을 반복 또는 연속해서 소리를 내게 된다. 이때 다양한 음절의 소리를 내지만, 모국어에서 쓰지 않는 소리는 점차 소멸되며, 많이 쓰이는 소리는 점차 많아지게 된다. 생후 약 10개월이 되면 옹알이에 억양을 붙여 강세와 어조의 높낮이가 있는 소리를 내게 되는데, 마치 대화를 하는 것처럼 들리는데 이를 자곤이라고도 한다.

2) 언어시기

(1) 한 단어 시기

생후 약 1세 정도가 되면 성인들이 알아들을 수 있는 첫 말을 하게 된다. 이 시기를 한 단어 시기라고 한다. 이 시기의 영아는 한 번에 하나의 단어를 말하는데, 단어의 발음은 성인의 발성에 가깝기는 하지만 분명치는 않다. 예를 들면, '물'을 '무'라고 발음하기도 한다. 또한 영아는 하나의 단어로 자기 생각을 표현하게 되는데, 예를 들어, '엄마'라고 말하지만 '엄마'라는 단어 속에는 "엄마 나는 우유가 먹고 싶어요", "엄마 밖에 나가고 싶어요"라는 의미가 포함되어 있다.

영아가 단어의 의미를 획득하는 과정은 단어를 들으면서 그 단어가 가리키는 대상을 보고 단어의 의미를 획득하게 된다. 이러한 과정을 '빠른 도식화(fast mapping)'

라 하며, 빠른 도식화는 구체적인 사물에 대해 보다 정확하고 빠르게 일어난다. 그렇지만 빠른 도식화에 있어서 영아는 때로 과잉확대 또는 과잉축소의 오류를 범하기도 한다. 과잉확대는 '개'라는 단어를 개 이외에 털이 달린 모든 동물을 가리키는데 사용하는 경우를 말하며, 과잉축소는 '개'라는 단어를 자기가 기르는 개에게만 적용시키는 경우를 말한다. 그러므로 옆집에서 키우는 개는 '개'가 될 수 없다. 이러한 과잉확대, 과잉축소는 생후 약 12~18개월 사이에 관찰이 된다.

(2) 두 단어 시기

생후 약 18~30개월경이 되면 영유아는 사용할 수 있는 어휘가 급속도로 늘어나게 되며, '엄마 신발', '과자 더 줘' 등과 같은 두 단어를 결합하여 사용할 수 있게 된다. 또한 두 단어를 조합하여 위치, 소유 혹은 주어와 대상과의 관계 등을 의미하는 언어의 사용 능력이 생기게 된다. 두 단어의 결합은 보편적으로 약 50개 정도의 단어를 사용할 수 있을 때 가능하며, 단어를 조합할 수 있다는 의미는 알고 있는 단어를 다르게 조합하여 다양한 발화를 산출할 수 있음을 의미한다.

이 시기의 언어적 특징으로서는 전도식 문장 표현(telegraphic speech), 주축어와 개방어(pivot words and open words), 과잉 규칙화(overgeneralization)를 들 수 있다. 먼저 전도식 문장표현이란 것은 영아는 "나는 강아지와 함께 놀고 있어요"를 '나 강아지 놀아'라고 말하는데, 이는 관사, 전치사, 명사나 동사에 첨가되는 의존 형태소 등이 생략된 표현이다. 주축어와 개방어라는 것은 영아는 주축어를 먼저 선택하고 상황에 맞는 개방어를 덧붙여 사용하는 것을 말한다. 예를 들면, 영아는 '아빠 쉬', '아빠 까까'라고 말을 하기도 하는데, 여기서 '아빠'는 주축어가 되고 '쉬', '까까'는 개방어가 된다. 마지막으로 과잉 규칙화는 지금까지 습득한 문법적 지식을 그 규칙이 적용되리라 생각하는 곳에 적용하여 과잉적용 되는 오류를 말한다. 예를 들면 '선생님이가', '곰이가' 등으로 말하는 것을 들 수 있다(천은영, 2015).

제5절 영아기 정서의 발달

인간은 살아가면서 여러 경험을 하게 되는데, 이러한 경험들은 행복, 슬픔, 분노 등의 정서를 느끼게 된다. 정서에 대한 정의는 여러 공통적인 속성을 갖게 되는데, 정서라는 것은 느낌 또는 감정이라고도 하며, 내적 또는 외적 사건에 대한 반응으로서 나타나는 복잡한 일련의 행동으로 생리적·표현적·경험적 요소를 포함한다. 생리적 요소는 웃음, 울음, 찌푸림 등과 같은 감정을 나타내는 한 개인의 정서 상태를 나타내며, 경험적 요소는 가지고 있는 정서에 대한 주관적인 감정이나 인지적 판단을 말한다(심기현 외, 2014). 정서는 사회화되는 과정을 통해서 사회에서 요구되는 사회적 기술을 습득하게 되고, 주변에 있는 사람들과 관계를 맺으면서 정서적 표현이 좀 더 정교하게 발달한다. 이러한 정서는 한 개인이 사회 속에서 다른 사람과 관계를 형성하고 적응하는 데 영향을 미치는 요인이 되기도 한다. 또한 정서는 신체적 요소, 인지적 요소, 표현적 요소까지 포함하는 복합적 개념이라고 주장하기도 한다(james, 1884; Lazarus, 1991; Kostelnik et. al., 2005).

표 5-7 정서의 신체적·인지적·표현적 요소

요소	내용
신체적 요소	개인이 경험하는 내적, 외적 사건에 대한 정보를 뇌로 전달하였을 때 발생하는 신체적, 생리적 변화이다. 자극적인 사건을 지각하자마자 신체변화가 나타나며, 이러한 신체변화에 대한 느낌이 바로 '정서'이다. 예: 발표 직전, 큰 무대에 설 때, 난감한 상황에 처했을 때, 무서운 개를 만났을 때는 손에 땀이 나고, 얼굴이 경직되며, 목이 타고, 심장박동이 빨라진다.
인지적 요소	상황에 대한 판단, 경험에 대한 지각, 사건에 대한 해석 등을 토대로 타인의 정서를 인지하고, 자신의 정서를 분석하는 것을 의미한다. Lazarus(1991)에 의하면 정서라는 것은 행동경향성, 심리적 반응, 주관적인 경험 등에 대한 전반적인 평가이며, 이러한 평가에 이어지는 대응과정까지도 포함한다고 말한다.
표현적 요소	미소, 얼굴 찡그리기, 손 떨림, 얼굴색 변함 등과 같이 표정이나 목소리, 몸의 움직임으로 표현되는 것을 말한다.

정서의 유형으로는 기쁨, 행복, 사랑, 희망 등과 같은 긍정적인 정서와 불쾌감, 혐오, 분노, 슬픔, 절망, 두려움 등과 같은 부정적인 정소로 구분할 수도 있다. 영유아가 자라면서 느끼게 되는 애착, 자기보호, 자아개념, 정서조절 등과 같은 다양한 감정들은 양육자, 또래 등 타인과 상호작용하는 과정 속에서 발달한다. 또한 정서란 단순한 감정이 아니라 한 개인에게는 의미 있는 내적 또는 외적 환경 간의 관계를 형성하고 유지하거나 파괴하는 과정으로 유기체의 심리적, 인지적, 생리적인 경험의 총체를 의미하기도 한다. 출생 시 기본적인 정서, 즉 기쁨, 슬픔, 무서움, 분노 등과 같은 것은 기초적인 상태로 머무르다가 인지적 성숙 및 사회적 경험을 통해서 다양한 정서로 분화·발달하게 된다(김이영 외, 2016). 또한 정서에는 다음과 같은 여러 가지 특성이 있다(Ekman, 1994).

표 5-8 **정서의 특성**

구분	내용
자동평가기제가 있다.	외부자극에 대해 자동적으로 정서반응이 유발되도록 하는 기제를 말한다. 자극에 대해 의도적인 정서반응이 유발되기도 하지만, 대부분의 경우에는 아주 빠른 속도로 의식할 여유도 없이 자동으로 평가기제에 의해 정서반응이 유발된다.
특정 정서를 유발하는 공통적인 요소가 있다.	개인적인 경험이나 문화적인 차이로 인해서 유발되는 요인이 상이할 수 있지만 대부분은 특정한 정서를 유발하는 요인이 있다. 예: 대부분의 사람들은 낭떠러지에서 공포심을 느끼며, 가족의 죽음에 슬픔을 느낀다.
정서는 빠르게 생성된다.	정서는 어떠한 일이 일어났는지 지각하기도 전에 생성되며, 지속시간은 짧다. 또한 빠르게 생성된 정서는 오래 지속되지 않고 사라진다.
정서는 불수의적으로 생성된다.	어떠한 특정 사건을 경험할 때 본인의 의사와는 무관하게 정서가 생성되는데, 특정한 정서를 생성하려고 하여 생성되는 것은 아니다.
정서에는 생리적 반응이 수반된다.	기쁨, 슬픔, 불안 등 정서마다 특징적인 자율신경계의 변화가 수반된다.

영아기의 정서발달은 여러 분화의 단계를 거치며 빠르게 발달하는데, 분화는 성숙에 의해 자연적으로 나타나는 기쁨, 분노, 공포 등의 일차 정서와 사람들과의 관계 속에서 형성되는 자부심, 수치심, 죄책감 등의 이차 정서가 있다(곽노의 외, 2013).

1. 일차 정서

일차 정서(primary emotions)라는 것은 출생 후 약 7개월부터 나타나는 기본정서를 말한다. 브리지스(Bridges, 1930)의 연구에 의하면 출생 시의 정서에는 흥미, 불쾌, 혐오 등이 있는데, 약 4~6주경에는 기쁨의 정서를 보이고, 3~4개월경에는 분노, 5~7개월경에는 공포의 정서가 타나난다고 한다.

1) 기쁨

기쁨은 미소나 웃음으로 표현된다. 출생 후 4주 경부터는 갑자기 움직이는 물체나 외부 자극에 대해 미소를 보이고, 6~10주에는 사람과 마주 보며 웃는 사회적 미소를 보인다.

2) 분노

분노라는 것은 자신의 원하는 것을 만족시키는 가장 보편적인 정서의 하나이다. 신생아의 경우는 배고픔이나 고통 등이 있을 때 울음으로서 나타내기도 한다. 이후에는 자신이 하고 싶은 것의 제제, 욕구 좌절 등으로 인해서 분노를 일으키기도 한다. 처음에는 욕구 좌절을 울음으로 표현하고, 4~6개월 경에는 성난 음성으로 소리를 지르기도 한다.

2. 이차 정서

이차 정서(secondary emotions)는 당황, 수치, 부끄러움, 죄책감 등의 정서를 말하는데, 대체로 생후 6개월이 지나야 나타나며 사람들과의 상호작용에 의해서 발달한다. 이차 정서는 거울 속의 자신을 알아보기 시작할 때 나타나는 정서라고도 한다(Lewis, 1989).

수치심, 죄책감, 자부심 등과 같은 정서는 '자기평가적 정서'라고도 하는데, 자기의 인식과 자신의 행동을 평가하는 규칙이나 규준을 이해할 수 있을 때 나타난다. 이러한 정서는 양육자의 태도에 크게 영향을 받아 영아의 행동에 대해 긍정적으로 반응해 주는 것이 좋다.

표 5-9 생후부터 3세까지 출현하는 정서

시기	기쁨	분노	슬픔	두려움
6주	기쁨			
3~4개월		분노	슬픔	
5~7개월				두려움
8~10개월	놀림		분리불안	조심성
1년	고무됨	좌절	당황	수줍음
2년	애정	저항, 질투, 경멸		낯가림, 불안
3년	자긍심, 공감	공감	수치심, 죄책감, 공감	수치심, 죄책감, 공감

※ 출처: kosteinik, Whiren, Sodeman, & Gregory(2009). Guiding children's social development and learning. NY: Cengage Learning. 마주리 외(2017). p.249 재인용.

3. 영아기 정서발달의 특징

출생부터 24개월까지 영아의 정서발달의 특징은 다음과 같다.

표 5-10 영아기 정서발달의 특징

개월	특징	내용
0~1개월	배냇미소와 울음	갓 태어난 신생아는 얼굴에 만족감과 괴로움을 나타내며, 반사적으로 배냇미소를 짓는다. 이 시기에는 외부의 환경변화에 반응하거나 양육자의 관심에 정서적 반응은 잘 하지 못한다.
1~3개월	주위 환경에 대한 관심	양육자의 관심에 반응하여 미소를 짓기 시작한다. 약 3개월이 되면 친숙한 사람과 그렇지 않은 사람에 대해 구별된 미소를 보인다. 주변 사람들과 사회적 상호작용이 이루어질 때 자주 미소를 짓고 사회적 반응을 나타낸다.

(계속)

개월	특징	내용
3~7개월	일차 정서의 표현	어떤 일이 일어날지를 기대하고 그 일이 실제 일어나지 않으면 실망감을 보인다. 실망감은 화를 내거나 불안스러운 행동으로 나타나기도 하는데, 분노가 생기면 성난 소리를 지르는 행동을 보인다. 자주 미소를 짓고 많이 웃으며, 양육자와 적극적인 사회적 상호작용을 한다.
7~9개월	이차 정서의 표현	이 시기에 이차 정서가 나타나기 시작한다. 기쁨·공포·분노·놀람 등의 좀 더 분화된 정서를 보인다. 다른 아기들에게 반응을 보이며 사람들로부터 반응을 얻으려고 한다. 적극적으로 사회적 상호작용을 하며, 자발적으로 환경을 탐색하기 시작한다.
9~12개월	애착 및 사회적 참조	낯선 사람들을 두려워하고 낯가림이 심해진다. 양육자에게 강하게 애착하여 오랜 시간 떨어져 있으면 불안해한다. 12개월경이 되면 타인의 정서를 인식하고 자신의 행동을 선택하는 모습이 보다 분명해지고 타인에게 정서를 더 분명하게 전달할 수 있다.
12~18개월	환경탐색과 수치심	이 시기에는 수치심 등 이차적 복합정서들이 나타나기 시작한다. 양육자의 말귀를 알아듣고 자기의 감정을 보다 적극적으로 주장한다. 걷기 능력이 발달하여 자발적 의지로 외부 환경을 적극적으로 탐색할 수 있으며 새로운 환경에 호기심을 보인다.
18~24개월	자아개념	이 시기에는 당혹감, 수치심, 죄책감, 부러움, 자부심과 같은 확장된 복합정서를 표출할 수 있다. 양육자와 함께 있으려는 욕구가 강하여 오랜 시간 떨어져 있으면 불안해한다. 단독 놀이를 즐기고, 분노 등 부정적 정서를 숨기거나 사회적으로 수용될 수 있는 방식을 학습한다. 과제에 성공하면 자부심을, 실패하면 수치심을 나타낸다.

※ 출처: 곽노의 외(2013). 영유아발달. p.196.

제6절 영아기 사회성 발달

영아기의 경험은 전 생애에 걸쳐 일어나는 사회성 발달의 기초가 된다. 사회성의 발달이라는 것은 타인과 상호작용을 할 수 있는 기술의 습득과 이러한 기술들을 상황에 적절하게 사용할 수 있는 능력을 말한다. 사회성 발달의 개념으로서는 사회적 능력, 사회적 상호작용 그리고 사회적 유능성 등을 들 수 있다. 사회적 능력을 획득하기 위해서는 사람의 모습이나 음성 등의 특징을 지각할 수 있어야 하고, 각기 다른 사람들을 구별할 수 있어야 하며, 상대방의 행동에 적절하게 반응하고, 자신도

적극적으로 다른 사람과 교섭을 시도해야 한다.

영아기는 의사소통의 수단이 되는 언어를 획득하고 성인과 기본적인 상호작용을 시작하게 되면서 타인과 사회화가 시작되는 시기이기 때문에 영아가 사회성을 발달시킬 수 있도록 지원하여 주는 것이 중요하다.

1. 애착의 발달

영아기에 있어서 중요한 사회적 발달은 애착이다. 애착은 영아와 주양육자 간에 형성되는 강력하고 친밀한 정서적 유대관계로 영아에게 있어서 중요한 정서적, 사회적 발달에 중요한 틀을 제공해 준다.

영아에게 주양육자는 애착을 형성하게 되는 주 대상으로서, 주양육자는 영아의 욕구에 민감하게 반응하고 보살핌으로 애착이 형성되게 된다. 영아는 애착관계를 형성해 가면서 자신과 타인, 주변 환경에 대해서도 신뢰감을 형성하게 되는데, 즉 영아는 자신의 욕구를 알아차리고 반응해 주는 주양육자에게 정서적 안정감을 느끼고 신뢰하게 된다. 영아에게 신뢰감의 형성은 자신을 둘러싼 환경을 긍정적으로 보게 하며 이러한 신뢰감은 앞으로의 관계형성의 토대가 된다.

1) 애착의 유형

에인즈워스(Ainsworth, 1973)는 영아의 애착 유형을 다음과 같이 분류하였다(이유미, 2014; 마주리, 2017).

표 5-11 영아의 애착 유형

유형	내용
안정애착	이 유형의 영아는 부모를 안전기지로 사용한다. 엄마와 함께 있을 때 주위를 적극적으로 탐색하고 주위를 탐색하기 위해 엄마로부터 쉽게 분리된다. 부모와 분리되었을 때 일부는 울지 않거나 일부는 우는 영아가 있을 수 있지만, 확연히 구별되는 것은 엄마가 돌아오면 엄마에게 안기며 위로받고 엄마에게 말을 하거나 장난감을 보여주는 등의 긍정적 행동을 보인다. 안정애착된 영아는 위안받기 위해서 능동적으로 신체적 접촉을 요구하고 정서적 안정감을 회복한다. 전체 영아의 약 50~60% 정도이다.
불안정 회피애착	이 유형은 새로운 환경 탐색에 관심이 거의 없다. 엄마가 방을 나가도 거의 울지 않는다. 엄마가 돌아왔을 때 반갑게 맞이하지 않으며 접촉하기를 꺼려한다. 엄마가 접촉하려고 하면 거부하지는 않으나 적극적으로 안기지도 않는다. 전체 영아의 약 10~20% 정도이다.
불안정 저항애착	이 유형은 엄마와 함께 있는 경우에도 새로운 환경을 탐색하지 않으며 엄마와 분리되기 전부터 미리 불안감을 가지고 있다. 엄마가 방을 나가면 매우 심한 스트레스 행동을 보인다. 엄마가 돌아와서 안아주어도 계속 울면서 화를 내고 쉽게 진정되지 않는다. 엄마의 신체적 접촉에 저항하면서도 엄마와 많이 접촉하려는 양가감정의 특징이 있다. 전체 영아의 약 10~25% 정도이다.
혼란애착	이 유형은 불안정애착의 심한 형태로 회피애착과 저항애착이 결합한 형태이다. 영아들은 엄마와 분리되는 경우 전혀 반응이 없거나 아주 심한 불안을 보인다. 엄마와 다시 만났을 때는 얼어붙은 표정으로 엄마를 맞이한다. 엄마가 다가가서 안아줘도 먼 곳을 쳐다보며 별다른 반응을 보이지 않는다. 전체 영아의 약 5~10% 정도이다.

2) 애착의 형성단계

볼비(Bowlby, 1969)는 애착발달단계를 다음의 네 단계로 분류하였다(이유미, 2014; 마주리, 2017).

(1) 전애착단계(출생~6주)

전애착단계는 무분별한 사회적 반응단계라고도 한다. 이 시기의 영아는 사람들을 쳐다보거나 미소, 옹알이, 울음 등으로 주변 사람들과 관계를 형성해 나간다. 이 시기는 아직 애착이 형성되지 않아 부모, 타인, 형제 등에게 동등하게 똑같은 행동을 보이며 친숙한 주양육자에게만 보이는 애착행동은 보이지 않는다. 그렇지만 엄마의 냄새와 음성을 선호하는 반응을 보여, 엄마를 감각적으로 인식하는 것으로 볼 수 있다

(2) 애착형성단계(6주~8개월)

이 단계는 애착형성 또는 변별적 사회적 반응의 단계로 볼 수 있다. 영아는 엄마와 낯선 사람을 구별하기 시작하며, 엄마를 빈번하게 쳐다보거나 미소를 짓는 등 엄마에 대한 뚜렷한 선호가 나타난다. 3개월 초부터는 많은 반사가 사라지게 되며, 사회적 반응이 더 선택적으로 시작되어 친숙한 사람이 달래야 울음을 그치게 된다. 그러나 대상영속성의 개념을 획득하지 못해 양육자를 하나의 영속적 대상으로 인식하지 못하여 아직 분리불안은 보이지 않는다.

(3) 애착단계(8개월~2세)

애착단계에는 애착이 분명하게 나타나는 시기로, 동반자 관계 형성단계라고도 볼 수 있다. 이 시기의 영아는 대상영속성을 획득하여 애착이 형성된 양육자가 눈앞에서 안 보이면 계속 찾는 행동을 보인다. 이로 인해 분리불안을 보이는데, 일반적으로 분리불안은 돌을 전후해서 나타나게 된다. 애착이 형성된 사람에게 강한 애착관계를 나타내고 점차 여러 사람과도 애착을 형성하게 된다.

(4) 상호관계 형성단계(2세 이후)

이 단계의 유아는 동반자 행동을 보이게 되는데, 엄마와의 관계에서 요구 설득을 통해 엄마의 목적을 바꾸기 위한 행동을 적극적으로 하게 된다. 이 단계의 유아는 인지 및 언어능력이 발달하여 애착대상의 행동을 예측할 수 있게 되는데, 엄마와 떨어져도 엄마가 언제 돌아올지 예측할 수 있게 되어 분리불안이 감소하게 된다.

2. 자아의 개념 및 발달

1) 자아의 개념

자아에 대한 개념은 학자들 마다 다르게 정의하고 있는데 표 5-12로 정리하여 볼 수 있다.

표 5-12 자아의 개념

학자	자아에 대한 정의
Cooley (1902)	자기인식은 타인과의 상호작용 속에서 타인이 자신을 어떻게 인식하고 평가하느냐에 따라 형성된다고 보았다. 최초에 형성된 자아를 거울자아(looking-glass self)라고 본다.
Rogers (1951)	개인의 의식 속으로 들어올 수 있도록 용인된 자아 지각의 조직된 형태이다. 개인은 이러한 자아 개념을 계속 유지하고 환경적 요인이 허용하는 한 그 자아를 실현하고 신장하려는 경향이 있다.
교육학 용어사전 (1995)	개인이 가지고 있는 자신에 대한 견해로서, 주어진 시간에 자기 자신에 대해 가지고 있는 생각을 말한다. 크게 긍정적 개념과 부정적 개념으로 나눈다.
송인섭 (1989)	자기 자신에 대한 총체적 지각으로 나와 관련된 모든 자기 지각을 말한다. 한 개인이 인간으로서 자기 자신의 신체 행동, 능력에 대해 지니고 있는 태도, 신념, 견해라고 본다.
최경숙 (2005)	자신의 특성, 능력, 태도와 가치에 대한 총체적 개념으로, 자신이 누구인가에 대한 믿음으로 본다.
정옥분 (2002)	신체적 특징, 개인적 기술, 특성, 가치관, 희망, 역할, 사회적 신분 등을 포함한 '나'는 누구이며 무엇인가를 깨닫는 것을 의미한다. 전반적인 자기에 대한 인지적 이해 및 평가라고 본다.

※ 출처: 김현주 외(2017); 이유미 외(2014).

최근의 연구를 보면 자아개념은 자아와 환경 간의 상호작용 활동에 대한 지각으로부터 직접 형성된다는 주장이 있다(Neisser, 1988, 1991). 자아개념을 생태적 자기와 대인 간 자기의 두 측면으로 보았다. '생태적 자기'는 아동이 자신을 둘러싸고 있는 물리적 환경에 적응해나가는 효율성에 의해 형성된다고 보았으며, '대인 간 자기'는 사회적 상황에서 타인이 자신에게 주는 반응이나 정보에 대한 지각을 통해 형성된다고 보았다(이유미 외, 2014).

2) 자아의 발달

자아에 대한 인지는 자신을 주위 사람이나 사물과는 구분되는 존재로서의 자기에 대한 지각을 의미한다. 이러한 자기인식(self-awareness)은 영아의 사회성 발달에 중요하다. '자아'라는 것은 스스로를 인식하고 활동적으로 생각하는 주관적인 자기와 타인과의 관계 속에서 외현적인 자신을 인식하는 객관적인 자기로 구별된다. 영아의 자기인식은 주관적인 자기가 먼저 발달하고, 그다음으로 주관적인 자기를 기초로 객관적인 자기가 발달한다. 객관적인 인식은 생후 약18개월 정도에 나타나는 것으로 보고되어 있다. 영유아는 18~30개월 경에 자신과 타인을 연령, 성, 신체적 특성이나 선악 등의 기준으로 분류하는 것이 가능해진다(이유미, 2014).

자아의 발달에 있어서 올포트(Allport, 1955)는 한 개인의 고유한 자아는 유아기에서 청소년기까지 표 5-13의 7단계를 거쳐서 발달한다고 보았다(이혜성 역, 2001).

표 5-13 **자아의 발달**

단계	특징	내용
1단계	신체적 자아 발달	신체적 자아는 생후 15개월부터 나타난다. 영아는 자신을 둘러싸고 있는 세상을 구별할 수 없으나, 점차 학습과 경험을 통해 자신과 타인, 환경을 구별할 수 있으며, 어떤 대상을 만지고, 보고, 들을 때 변별력이 생긴다.
2단계	자아 정체감 발달	자아 정체감의 가장 중요한 면은 그 사람의 이름이며, 이름은 그 사람의 존재의 상징이고, 그 사람의 자아에 동일시하며, 이름을 통해 다른 사람과 구별된다.
3단계	자아 존중감 발달	자아 존중감은 2세부터 나타나는데, 자신감과 자랑스러운 감정을 가지고 만족해하면서 탐구하려 하는 한편 환경을 변화시키려 한다.
4단계	자기 확대감 발달	자기 확대감은 4세쯤에 나타나는데, 나의 집, 나의 학교, 나의 소유물도 점차 알게 된다. 사물뿐만 아니라 가치와 신념에 이르기까지 자아를 넓게 확대시키는 능력이 발달하기 시작한다.
5단계	자아상 발달	이 단계에 있는 유아는 자신을 어떻게 보고 있는가를 생각하는데, 이 자아상은 부모와의 상호작용을 통해 발달한다. 부모로부터 받는 칭찬과 벌을 통해 자아상이 형성된다.
6단계	이성적 존재로서의 자아 발달	초등학교 입학 이후 이성적 대체자로서의 자아가 나타나기 시작한다. 새로운 규칙과 기대를 배우고 지적 활동과 도정이 나타나며 논리적, 합리적으로 문제를 해결하도록 배운다.
7단계	자아 추구 발달	사춘기의 마지막 단계인 자아 추구가 나타나는데, 사춘기에 겪게 되는 경험은 부모와 친구의 영향을 받으면서 자아상을 시험하게 된다. 자아 추구 과정에서 중요한 것은 인생의 장기 목표와 꿈에 대해 생각하는 것이다.

PART 04

유아기발달

제6장 유아기발달

CHAPTER 06

유아기발달

제1절 유아의 신체 및 운동의 발달

유아기(early childhood)는 약 3세부터 6세까지의 시기를 말한다. 이 시기는 또래와의 상호작용이 많아지고, 인지능력의 발달과 호기심으로 주변 환경을 적극적으로 탐구해 나아간다. 또한 기억력의 증가로 인하여 사고의 폭도 넓어지며, 언어를 통하여 주변 사람들과 의사소통을 할 수 있다. 유아기에는 부모나 가족으로 한정되어 있던 접촉의 대상이 또래로 확대되며, 사회의 가치관이나 규범 등을 습득하게 된다.

1. 유아기 신체의 발달

유아기의 신체 변화는 비교적 규칙적이며 계속적으로 일어나게 된다. 팔과 다리는 빨리 성장하는 데 비해 머리의 성장은 비교적 느린 속도로 이루어진다. 시각은 4세경이 되면 성인과 동일한 수준까지 발달하며, 신경근육 기술의 발달도 이루어진다.

신장은 3세 이후에 매년 6cm 이상 성장(3세 경에는 약 92~95cm)하여 4세 경에는 출생 시 신장의 2배 이상이 되며, 체중(3세 경에는 약 13~15kg)도 매년 2kg 정도가 증가하여 5세가 되면 출생 시의 5배 이상이 된다. 신체적인 모습은, 신체에서 머리가 차지하는 비율이 낮아지고, 성인의 모습과 비슷해지며, 턱이 커지고 목이 길어지며, 몸통과 팔다리도 길어지고, 복부 근육이 발달하여 몸이 날씬해진다(이근홍, 2006). 치아의 경우는 상하 20개의 유치가 갖추어지고, 5세경이 되면 영구 치아로 바뀌게 된다.

표 6-1 영아기 발육 표준치

남아				연령	여아			
체중(kg)	신장(cm)	체질량지수 (kg/m²)	머리둘레(cm)		체중(kg)	신장(cm)	체질량지수 (kg/m²)	머리둘레(cm)
13.14	89.38	16.71	49.06	2~2.5세	12.50	88.21	16.34	48.08
14.04	93.13	16.29	49.66	2.5~3세	13.42	91.93	16.01	48.71
14.92	96.70	15.97	50.10	3~3.5세	14.32	95.56	15.76	49.18
15.91	100.30	15.75	50.43	3.5~4세	15.28	99.20	15.59	49.54
16.97	103.80	15.63	50.68	4~4.5세	16.30	102.73	15.48	49.82
18.07	107.20	15.59	50.86	4.5~5세	17.35	106.14	15.43	50.04
19.22	110.47	15.63	51.00	5~5.5세	18.44	109.40	15.44	50.21
20.39	113.62	15.72	51.10	5.5~6세	19.57	112.51	15.50	50.34

※ 출처: 소아·청소년 표준 성장도표(2007).

2. 운동의 발달

1) 대근육 운동발달

유아기에는 대근육 운동발달이 주로 이루어지며, 처음에는 부자연스럽고 뻣뻣하게 나타나던 운동 기술들이 연령이 높아지면서 자연스러운 움직임으로 발달한다. 예를 들어, 3~4세의 유아들은 계단을 오를 때에만 한 발씩 발을 바꿔가며 걷는 것이 가능하지만, 4~5세의 유아들은 내려갈 때도 가능하며, 움직임이 더 부드러워진다. 움직임의 변화와 더불어 아동 중기에는 민첩성, 순발력, 균형과 같은 운동신경의 발달도 나타난다(심리학용어사전, 2014).

표 6-2 유아기의 대근육 운동발달

연령	대근육 운동
2~3세	• 리듬을 느끼며 걸을 수 있다. 전에 뒤뚱거리던 걸음을 달리는 것으로 발전시킨다. • 위로 뛰어오르고, 한 발로 뛰는 것이 가능해진다. • 상체를 똑바로 두고 물건을 던지고 받게 된다.
3~4세	• 한 발씩 바꿔 가며 계단을 오르게 된다. 계단을 내려갈 때는 한 발씩 조심스럽게 내려간다. • 몸을 구부려서 위로 뛰어오르고, 한 발로도 뛸 수 있다. • 상체를 조금씩 움직이며 물건을 던지고 잡을 수 있다. 물건을 잡을 때 가슴을 이용한다. • 세발자전거의 페달을 밟을 수 있다.
4~5세	• 한 발씩 바꿔 가며 계단을 오르내리는 것이 가능해진다. • 전보다 더 부드럽게 달린다. 한 발로 달리기도 하고 깡충 뛴다. • 신체 회전 능력이 좋아지고 물건을 던질 때 하체에 체중을 실어서 던진다. 가슴을 이용하지 않고 한 손으로 물건을 받는다. • 세발자전거 페달을 빨리 밟을 수 있고, 유연하게 운전한다.
5~6세	• 달리기 속력이 증가하며(초당 3.5m), 더 부드럽게 달린다. • 정확히 위로 뛰어오르기를 하고 앞으로 걸을 수 있게 된다. • 몸 전체를 이용하여 물건을 던지고 잡는다. 던지는 속도가 증가한다. • 세발자전거 대신 보조바퀴가 달린 자전거를 탈 수 있다.

※ 출처: Cratty(1986); Malina & Bouchard(1991); Newborg et al.(1984), Roberton(1984).

(1) 달리기와 도약

유아기의 운동의 발달에 있어서 두드러진 현상 가운데 하나는 걷는 것보다 달리거나 뛰뛰기를 좋아한다는 것이다. 걷고 뛰고 달리는 행동은 3~4세가 되면 유연해지고 민첩해진다. 처음의 달리기는 빠른 걷기와 유사하여 한발이 항상 땅에 닿기 때문에 양쪽 발이 잠깐 동안 땅에서 떨어지는 정상적인 달리기와는 구별이 된다. 그러나 연령이 증가함에 따라 운동의 힘, 속도, 협응이 증가하므로 달리는 능력은 계속 개선되어, 3~4세 경에는 30~60cm의 높이에서 뛸 수도 있으며, 두 발로 동시에 뛰는 도약도 가능하다. 4세 경이 되면 멀리뛰기, 높이뛰기 등의 뛰어넘기가 가능해지며, 5~6세 정도가 되면 한 발로 도약도 할 수 있게 된다(강문희 외, 2011).

(2) 균형잡기와 계단 오르내리기

약 2세 경이 되면 지면에서 약간 떨어진 평균대 위에서 서 있을 수 있으나 걸을 수는 없다. 약 3세 경이 되면 발을 바꾸어 걸을 수 있고, 약 4세 경이 되면 빨리 걸을 수도 있다.

약 2세 이전의 대부분의 영아는 선 자세로는 올라가지 못하고 손과 발을 사용하여 계단을 기어오르고, 3세가 되면 유아는 계단에 발을 바꾸면서 계단을 올라갈 수 있고, 4세 경에는 동일한 방법으로 계단을 내려올 수 있다(강문희 외, 2011).

(3) 던지기

약 2세가 되면 공을 던지기 시작하지만, 공을 잘 조절하지 못하고 동작이 서투르다. 3세가 되면 팔목을 사용할 줄 모르고, 주로 어깨와 팔꿈치로 던지다가, 4세가 되면 정확한 자세로 앞으로 곧게 공을 던질 수 있다. 그러나 높이 조절에는 어려움이 있다. 5세 경이 되면 옆으로 던지기를 할 수 있는데 다리의 움직임이 공을 던지는 몸의 자세와 잘 조화를 이루며 어느 정도 균형이 이루어진다. 6세 경이 되면 무엇이든지 정확성을 보이며 공이 작아도 훨씬 유연해진다(강문희 외, 2011).

2) 소근육 운동발달

소근육 운동은 눈과 손의 협응에 의해서 발달하는데, 유아기에 있어서 소근육계의 통제가 급속히 발달하여 손의 사용이 정교해진다. 소근육의 운동기술은 대근육의 운동 기술보다 더 어려운데, 먼저 눈과 손의 협응으로 이루어지는 행동을 습득하려면 사물을 인식해야 하고, 반복적으로 감각경험을 쌓아야 한다.

소근육 운동은 손가락으로 물건 잡기, 그림 그리기, 글씨 쓰기, 젓가락 사용, 가위 사용, 단추 채우기, 블록 쌓기, 신발 끈 매기 등이 있다. 이러한 운동기술은 대근육을 사용한 운동 기술보다도 어려운데, 여아는 남아보다 소근육 운동기술이 앞서며, 남아는 대근육 운동기술이 앞선다.

표 6-3 소근육 운동의 발달

연령	소근육 운동
2세 경	• 숟가락을 사용할 수 있다. • 컵으로 물을 마실 수 있다. • 그림은 나름대로 패턴이 있는데 수직 또는 지그재그로 끄적거린다.
3세 경	• 블록으로 탑을 쌓을 수 있는데, 블록 하나하나를 매우 조심스럽게 놓지만 똑바로 쌓지 못한다.
3~4세 경	• 가위질을 할 수 있다.
4세 경	• 혼자 옷을 입고 벗는다. • 던지는 공을 받을 수 있다. • 블록으로 탑을 높이 쌓을 수 있는데, 완벽하게 잘 쌓으려고 몇 번이고 다시 쌓기도 한다. • 옷의 단추를 풀고 신발을 신을 수 있다. • 사람을 그릴 때 눈은 큰 점으로 다리는 막대기 모양으로 그린다.
5세 경	• 블록으로 탑을 쌓는 단순한 놀이에는 관심이 없고, 집이나 뾰족탑 등을 짓고자 한다. • 종이를 반 또는 1/4로 접을 수 있으며, 글자나 숫자를 베낄 수 있고 크레용으로 색칠을 할 수 있다.
5~6세 경	• 삼각형과 사각형을 따라 그릴 수 있고, 사람, 동물 등 실세 사물을 그린다. • 익숙하게 젓가락과 숟가락을 사용하여 음식을 먹을 수 있다. • 단추나 지퍼를 원활하게 조작할 수 있고, 신발 끈 매기가 가능해진다.

※ 출처: 손홍숙(2009); 현온강 외(2001); Kellogg(1970); 정옥분(2004).

제2절 유아의 인지발달

유아기는 피아제의 인지발달단계 중 두 번째 단계인 전조작기(2~7세)에 해당이 된다. 인지발달이 이루어지기 위해서는 감각기관이 먼저 발달해야 하는데, 감각기관을 통해서 들어온 정보를 해석할 수 있는 지각이 발달해야 한다. 이 시기에 지각의 발달은 부분적 형태의 판별에 있어서 많은 오류를 범하는데, 4세경에는 형태를 바라보는 위치가 바뀌어도 형태는 그대로 유지된다는 형태항등성지각능력(shape constancy)이 성인과 유사하며, 거리에 따라 크기가 변하지 않는다는 크기항등성은 8세경에 완전해진다(손홍숙, 2009).

이 시기의 유아는 감각기관이 발달하고 경험의 범위가 확대되면서 주의집중력 및 지각변별력과 같은 지각능력이 향상된다. 그러나 제한된 경험 가운데 아직은 자기중심적이다. 피아제에 의하면 이 시기를 전조작기라 부르는데, 자기중심적 사고를 할 수 있다는 특징이 있다. 자기중심적이란 타인의 입장에 서서 생각할 수 있는 능력이 아직 부족하므로, 사건과 사물을 해석하지만 일반적 속성의 입장에서가 아니라 자신과 관련해서 해석하는 사고를 의미한다. 또한 이 시기에는 다음과 같은 개념들을 이해하기 시작한다(Zastrow et. al. 2001).

1. 자아중심성

전조작기의 시기에 해당하는 유아는 다른 사람의 입장에서 사물을 볼 수가 없다. 유아는 단지 자신을 인식하며 다른 사람의 욕구와 관점을 인식하지 못한다. 피아제는 이러한 자아중심성(ego-centrism)을 설명하기 위해서 삼면경이 설치된 장소에서 유아에게 인형을 보여주는 실험을 하였다. 이 실험에서 유아는 동일한 위치에 있지만 인형은 여러 방향으로 움직일 수 있어서 여러 관점에서 인형을 관찰할 수 있었다. 실험에서 유아에게 다양한 그림을 보여주면서 인형의 관점이나 시각에서 볼 수 있는 장면이 어떤 사진인지 물어보았다. 그러나 대부분의 유아는 틀린 사진을 선택하였다. 이러한 결과는 유아가 인형의 관점이 아니라 자신의 관점에서만 본다는 것을 드러낸다. 이 시기의 유아는 인형의 관점과 자신의 관점이 다르다는 것이 매우 어려운 것으로 보인다.

2. 집중성

집중성(centration)이란 유아가 한 가지 대상 또는 상황의 한 부분에만 집중하고 모든 측면을 무시하는 경향을 말한다. 피아제의 실험에서 2개의 용기에 동일한 양의 액체를 붓는다. 하나의 용기는 짧고 굵은 것이고, 다른 하나는 길고 가는 것이다. 어떤 용기에 더 많은 액체가 담겨있는지 유아에게 물어보면 종종 길고 가는 용기를 지적한다. 이러한 결과는 유아가 넓이보다는 높이의 개념에 초점을 두고 있으며, 높이와 넓이를 동시에 고려할 수 없는 것으로 보인다. 그러므로 집중성이란 상황의 한 부분만 집중하여 문제를 해결하려는 것을 말한다.

3. 비가역성

비가역성(irreversibility)은 유아가 관계의 또 다른 면을 상상하지 못하고, 한 방향에서만 생각하는 것을 말한다. 예를 들어, 4세의 게리에게 “누가 너의 사촌이니?”라고 물으면 게리는 “쉐리, 도나, 로리, 탄야”라고 대답한다. 이를 바꾸어 “쉐리의 사촌이 누구이지?”라고 물으면 게리는 잘 모르겠다고 대답한다. 즉, 생각의 방향을 바꿀 수 없어서, 자신의 사촌이 쉐리임을 아나, 자신이 쉐리의 사촌이라는 것을 생각하지 못한다.

4. 분류

분류(classification)란 대상을 일정한 특징에 따라 다양한 범주로 나누는 능력을 말한다. 특징에는 형태, 색상, 무늬, 크기 등을 들 수 있다. 유아는 점차 대상의 차이점을 구별할 뿐만 아니라 이러한 차이를 반영하여 일정하게 범주화할 수 있는 능력을 발달시켜나간다. 2~4세의 유아에게 색깔과 크기가 다른 삼각형, 원형, 네모형의 물건을 주고 같은 특징끼리 분류하라고 하면 정확하게 분류하지를 못한다. 사물의 분류는 여러 속성에 따라 기준이 있을 수 있는데, 이 시기의 유아는 이러한 기준에 혼동을 일으키기 때문으로 보인다. 4~6세가 되면 부분적으로는 분류를 하나 그 기준이 명확하지 않고 시시각각 변화한다. 그러나 7~8세가 되면 분류기준을 두고 정확하게 분류할 수 있게 된다(강문희 외, 2011).

5. 연속성

연속성(seriation)이란 크기, 무게, 부피, 길이 등과 같은 특징에 따라 대상을 배열하는 능력을 말한다. 유아에게 여러 길이의 음료수 빨대를 주고 가장 긴 것부터 가장 작은 것까지 나열하라고 하면, 4~5세의 유아는 가장 짧은 것과 가장 긴 것은 구별할 수 있으나, 중간 길이의 것들은 구별하기가 어렵다. 그러나 5~6세의 유아는 가장 긴 것부터 짧은 것까지 순서대로 나열할 수 있다. 이러한 연속성의 개념은 연령에 따라 달라지는데, 9세가 넘어야 무게에 따라 대상을 배열할 수 있으며, 12세가 넘어야 소리의 크기도 배열할 수 있게 된다.

6. 보존

보존(conservation)이란 물질의 한 가지 측면이, 즉 질량 또는 무게 등이 동일하게 남아있는 동안에도 물질의 다른 측면이, 즉 형태 또는 위치 등이 변할 수 있다고 생각하는 능력을 말한다. 4세의 유아가 동일한 부피를 가진 찰흙을 가지고 있다고 가정하자. 한 찰흙은 공처럼 둥그렇게, 다른 찰흙은 넓게 펼쳐놓았다. 4세의 유아에게 어느 찰흙이 더 많은지 물으면, 넓게 펼쳐놓은 찰흙이 더 많다고 대답한다. 6~7세가 되면 두 개의 찰흙이 동일하다고 말하게 된다. 이는 형태와 상관없이 찰흙이 동일한 양임을 알게 된 것이다.

7. 상징적 사고

전조작기의 가장 중요한 인지적 특징은 표상에 의한 상징적 사고(symbolic though)가 가능해진다. 상징놀이는 어떤 개념을 나타내는 것으로서, 상징을 사용하면서 현재의 한계를 벗어나 과거와 미래, 장소를 넘나들게 된다. 유아는 상징적 사고가 시작되면서 가상놀이를 하게 되는데, 가상놀이(pretend play)는 가상적인 사물이나 상황을 실제 사물이나 상황으로 상징화하는 놀이를 말한다. 예를 들어, 여아가 인형을 재우려고 노력하는 행동 등이 이에 속하는데, 아이는 천으로 만들어진 인형인 것을 알지만, 인형을 어린아이의 상징으로 다루고 있는 것을 볼 수 있다(김수희 외, 2012).

상징놀이는 정신적 표상에 의해 어떤 사물이나 행동은 다른 사물이나 행동으로 대치해서 노는 놀이를 말한다. 상징놀이는 '마치 ~인 것처럼' 행동을 할 수 있는 정신적 표상능력(representation abilities)의 표현이다(곽노의 외, 2007). 이 시기의 유아들은 베개를 아기처럼 업고 다니거나, 막대기를 총이라고 하면서 전쟁놀이를 한다. 엄마 아빠가 되어서 역할놀이도 하게 된다. 실제로 대상이나 사물이 없어도 '~인 척' 대상이나 사물로 간주해서 가상놀이를 한다(신은영, 2017).

8. 물활론

사물이 살아있다고 생각하는 유아들의 특징적인 사고를 물활론(animism)이라고 한다. 예를 들어, 인형이 살아있다고 생각하는 것, 태양이 살아있다고 생각하는 것 등을 들 수 있다. 약 4세에서 6세 사이의 유아는 활동하는 것은 모두 살아있다고 생각하며, 약 6세에서 7세 사이의 아동은 움직이는 것에 한정해서만 생명을 부여한다. 이러한 사고는 약 4세에서 5세가 되면 감소하기 시작해서 약 7세가 되면 살아있는 것과 그렇지 않은 것을 구분하게 된다(김수희 외, 2012).

9. 인공론

세상의 모든 물건은 필요에 의해서 만들어졌다고 생각하는 것을 인공론(artificialism)이라고 한다. 즉, 물체가 인과관계에 의해 만들어지는 것이라고 생각한다. 예를 들어, 달이 밤에 빛나는 것은 사람들이 무서울까 봐 비춰주는 것이고, 꽃은 사람들이 보기 위해서 핀다고 생각하며, 밤은 어른들이 커튼을 침으로써 만들어진다고 생각한다. 이러한 사고는 유아의 자기중심적인 사고에 근거한다고 볼 수 있다(김수희 외, 2012; 손홍숙, 2009).

10. 도덕적 실재론

유아는 잘못을 했을 때 동기에 의해 잘못을 판단하는 것이 아니라, 행위에 대한 결과 여부에 따라 잘못한 정도를 판단한다.

11. 꿈의 실재론

유아는 자신이 꿈을 꾼 내용이 실제로 일어났으며, 실재하고 있다고 생각한다. 그러므로 자신의 꿈속에 나타난 사람들은 깨어난 후에도 그 꿈의 내용을 알고 있을 것이라고 생각한다.

제3절 유아기 언어의 발달

유아기는 사용하는 어휘가 급속도로 증가하고 문법 규칙을 이해하고 습득하여 정확한 문장을 사용할 수 있게 된다. 이러한 어휘와 문법을 이용하여 타인과 의사소통을 할 수 있게 된다.

유아기 사고의 특징은 상징을 사용할 수 있다는 것이며, 이러한 상징을 언어로 표현하게 된다. 이 시기에는 사회적 상호작용도 활발해지면서 언어의 발달이 가속화된다. 유아는 언어를 통해 타인과 상호작용을 하며, 새로운 정보를 교환하고, 타인의 행동을 통제하며, 자신의 견해, 감정, 태도를 나타내게 된다(Halliday, 1975).

1. 유아기 언어의 특징

4~5세가 되면 성인과의 의사소통도 원활해지는데 이 시기 언어의 몇 가지 특징적 현상이 있다. 쉬케단츠는 초기 읽기 행동발달과정을 다음과 같이 설명하고 있다(김수희, 2012).

표 6-4 초기 읽기 행동발달과정

책을 종알거리면서 마음대로 읽는다.
책의 글자에 주목하면서 읽기를 한다.
성인이 책을 읽어주다 잠시 멈추면 이야기의 다음 단어를 말하거나 성인과 함께 읽는다.
책장을 넘긴 후 그림을 보면서 그 책장에 있는 일부 내용을 말한다.
인형에게 읽어준다.
이야기를 읽는 상황 이외의 상황에서, 예를 들면 그네를 타면서 이야기의 일부를 암송한다.
성인이 읽어주다가 잠시 멈추면 좋아하는 이야기의 전체 구절을 암송한다.
유아에게 익숙한 책의 단어를 성인이 잘못 읽으면 지적하고 수정한다.
성인에게 책을 읽어달라고 요청하며, 익숙한 책들은 정확하게 암송한다.
손가락이나 손으로 글자를 짚어가면서 정확하게 읽거나 이야기 내용에 맞게 바꾸어 말하기도 한다.
예측이 가능한 책은 내용에 맞게 각색할 수도 있다.

※ 출처: 김수희(2012) 재인용.

2. 유아기 언어발달

언어의 발달은 듣기, 말하기, 읽기, 쓰기의 네 가지로 구분할 수 있는데, 이 네 가지의 언어적 기술은 서로 밀접하게 연결이 되어있다. 또한 언어기술의 기초 중의 하나는 인지과정이나 사고이므로, 이 시기의 유아는 효과적으로 듣고, 말하고, 읽고 쓸 수가 없다. 그렇지만 유아의 언어능력은 놀랍도록 발달하는데, 12~18개월이 되면 말을 하기 시작하고, 4세가 되면 제대로 된 형태의 문장을 사용하게 된다. 언어학자들은 유아의 언어발달과정을 언어이전시기와 언어시기로 나누어 설명하고 있는데, 언어 이전 시기는 미분화된 울음, 분화된 울음, 쿠잉의 시기를 거치며 언어시기는 한 단어의 시기, 두 단어의 시기를 거치게 된다. 유아기에는 두 단어 이상의 문장을 사용할 수 있게 된다.

1) 단어와 의미의 발달

유아기에 사용하는 단어는 급속도로 증가하는데, 2세 경에는 약 200단어를 활용할 수 있으며, 3세 경에는 약 900단어, 4세 경에는 약 1,600단어, 5세 경에는 약 2,500단어, 6세 경에는 약 3,000단어를 활용할 수 있게 된다. 특히 이해할 수 있는 어휘는 표현어휘보다도 빨리 발달하는데, 5세 경이 되면 5,000단어를 이해할 수 있으며, 6세 경이 되면 6,000개의 단어를 이해할 수 있게 된다(강인언 외, 2009). 또한 문장에 사용하는 단어의 수도 증가하는데, 3~4세 경에는 3~4개의 단어를 사용하여 문장을 구성할 수 있게 되며, 4~5세 경에는 6~7개의 단어를 사용하여 문장을 구성할 수 있게 된다(조복희 외, 1989).

유아의 급속한 어휘의 발달은 '빠른 도식화(fast mapping)'로 설명되는데, 유아들은 문맥을 통해 단어의 의미를 추측하고 이를 기억하게 된다. 이러한 빠른 도식화로 인해 새로운 단어도 금방 그 의미를 이해하고 습득할 수 있게 된다. 그러나 이러한 빠른 도식화로 인해 오류를 범하기도 하는데, 여기에 과잉확대 및 과잉축소가 있다.

과잉확대라는 것은 유아가 단어의 의미를 확장해서 사용하는 것인데, 유아가 '고구마'라는 단어를 고구마뿐만 아니라 고구마와 비슷한 야채인 감자, 순무 등을 지칭할 때도 사용하는 것이다. 과잉축소라는 것은 단어의 의미를 축소해서 사용하는 것이다. 예를 들어, 어느 유아가 '곰인형'을 가지고 있는데, '인형'은 자신이 가지고 있는 '곰인형'에게만 적용이 되는 단어이며, 바비인형은 인형이 아니라고 하는 것을 말한다(신은영, 2017).

2) 문장의 발달

유아는 유아기 동안 문법적으로 완전한 문장을 구성할 수 있게 되며, 문법적 규칙에 대한 지식을 습득하고 적용할 수 있게 된다. 2세의 영아는 두 단어로 구성된 문장을 사용할 수 있게 되는데, 이는 조사나 접미사, 접속사 등을 생략하고 핵심적인 단어만 나열하여 문장을 만들어 의미를 전달하게 된다. 2~3세의 유아는 3~4개 단어를 사용하여 보다 긴 문장을 활용할 수 있게 된다. 이 시기의 유아는 문법적 규칙을 적용하여 문장을 만드는데, 과잉일반화라는 문법적 오류를 범하기도 한다. 과잉일반화라는 것은 하나의 특별한 문법적 규칙을 배우게 되면 그 규칙을 적용할 수 없는 상황에도 똑같이 적용하는 것을 말한다. 주격조사 '가'는 앞의 명사가 받침이 없는 경우에 사용하며, 받침이 없는 경우에는 '이'를 사용하는데, 유아가 '가'라는 주격조사를 배우고 나면 받침이 있는 단어와 없는 단어의 구분 없이 '선생님이가', '인형이가' 등을 만들어 사용한다(조명한, 1982).

부정문의 사용에도 동사나 명사 앞에 '안'을 첨가하는 오류를 범하기도 하는데, "우유 안 마셔", "양치 안 해" 등의 표현을 '안 우유 마셔', '안 양치해' 등으로 사용하기도 한다. 의문문의 사용은 억양과 물음표만으로 가능하므로 쉽게 배우게 되는데, 약 2세경에는 '이게 뭐야?'라는 질문이 많아지고, 문장의 끝을 올려 질문하기도 하며, 약 4세경이 되면 6하 원칙에 해당되는 '무엇, 어디, 누구, 왜, 어떻게, 언제' 같은 의문사를 사용하여 질문을 할 수 있게 된다. 또한 동사의 시제사용은 약 2세 이후부터 가능하게 되는데, 2세가 지나면 '했어, 할 거야'와 같은 시제 관련 어휘가 나타나고 점차적으로 '어제 했어, 내일 할 거야'와 같은 시제를 일치하여 사용할 수 있게 된다(신은영, 2017).

3) 읽기능력의 발달

유아의 읽기능력은 책을 가까이하려는 태도에서 시작되어 표 6-5의 4단계로 서서히 발달해 간다(Waterland, 1995: 신은영, 2017, p.289 재인용).

표 6-5 유아의 읽기 능력발달

단계	발달 내용
1단계	① 유아는 책을 읽어주면 귀를 기울이지만, 유아가 책 읽기 행동을 하지는 않는다. ② 성인이 책을 읽어주면 유아는 그 내용에 귀 기울여 집중해서 듣고, 그 내용에 대해 성인과 이야기를 나눈다. ③ 1단계에서는 책을 읽는 것이 무엇이고, 책 속의 극들은 어떤 작용을 하는지를 총체적으로 이해하는 것이 과제이다. ④ 성인은 책을 읽으면서 유아의 눈을 관찰하여 유아가 책 내용에 관심이 있는지, 재미있어하는지 등 어떤 태도를 보이는지 살펴보아야 한다.
2단계	① 유아는 성인을 따라 책을 읽기 시작한다. ② 유아는 성인이 읽는 대로 따라 읽기도 하고, 가끔 성인이 읽어주기 전에 다음에 나올 단어나 표현을 예측한다. ③ 2단계에서 유아는 문어와 구어의 차이를 느낀다. ④ 성인의 책 읽기를 따라 하는 유아는 책 내용과 언어의 형태를 이해하고 있다. ⑤ 책을 읽은 후 읽은 내용이나 어려운 단어 등에 대해 유아와 토의하면서 책 내용을 이해하도록 도와준다. ⑥ 유아에게 책의 내용이 무엇인지 물어볼 수도 있고, 내용을 다시 말해보게 할 수도 있고, 소리 내어 읽어보게 할 수도 있다.
3단계	① 유아는 성인으로부터 읽기를 넘겨받는다. ② 유아가 책의 중요성과 책 속의 언어에 대해 알기 시작하면, 유아 혼자 책을 읽을 준비가 된 것이다. ③ 유아는 친숙한 글자를 찾아내고, 손으로 그 글자를 짚을 수 있다. 예를 들어, 아는 글자를 이용해 책 제목을 읽기도 한다. ④ 3단계에서 유아는 여전히 성인이 읽어주기를 원하기도 하며, 성인과 한쪽씩 읽거나 함께 읽기를 원하기도 한다. 때때로 혼자 크게 읽기도 한다.
4단계	① 유아는 성인의 도움 없이 혼자서 읽을 수 있다. ② 4단계에서 유아는 문자의 의미를 파악할 수 있다. ③ 책의 내용과 관련하여 이해하고 있는 지식을 모두 동원하여 책 읽기를 한다.

4) 쓰기 능력의 발달

쓰기의 발달은 끄적거리기, 획 쓰기, 글자형태로 쓰기 순으로 발달하는데, 메이슨과 신하(Mason & Shinha, 1993)의 연구를 보면 쓰기는 읽기와 함께 발달해 가는 것으로 본다. 쓰기의 발달단계를 표 6-6의 4단계로 제시하고 있다(신은영, 2017; 재인용).

표 6-6 유아의 쓰기발달

단계	발달 내용
1단계	① 유아는 철자가 맞지 않은 단어를 자발적으로 쓴다. ② 보통 성인의 관심을 끌기 위해 쓰기 활동을 하는 경우가 대부분이다.
2단계	① 유아는 부모의 도움을 받아 주변에 보이는 글들을 읽는다. ② 식품 포장의 글, 이름, 책 제목, 장난감 이름 등을 읽으면서 쓰기도 시도한다. ③ 유아의 쓰기를 격려하면 유아는 더 많이 읽으려고 하고 쓰기에도 열정을 보인다.
3단계	① 유아는 글자의 소리에 관심을 가지고, 전후 맥락과 단서를 이용해서 글을 읽는다. ② 새로운 단어를 읽으면서 읽기와 쓰기를 확장해 간다.
4단계	① 유아는 혼자서 글을 읽을 수 있게 되고 동화책을 읽는다. ② 자신의 활동을 회상하면서 글을 쓰기 시작한다. ③ 일기 쓰기가 가능해지고 나아가 자신의 목적에 맞는 쓰기를 할 수 있게 된다.

또한 유아의 연령별 쓰기발달을 보면, 2~3세의 유아는 연필, 볼펜, 사인펜 등의 필기구를 사용하기도 하는데, 이 시기의 유아의 쓰기는 그린 것과 쓴 것을 구분할 정도이다. 3~4세의 유아는 쓰라고 요청하면, 쓰기는 하지만 끄적거릴 때가 많으며, 자기 이름을 쓰기를 시도하고 쓴 것을 자랑하기도 한다. 4~5세의 유아는 글자놀이를 즐기고, 자기 이름을 쓸 줄 알며, 다양한 목적에 맞게 쓰거나 다른 사람이 쓰도록 불러주기도 한다(신은영, 2017).

제4절 유아기 정서발달

1. 유아기 정서발달의 이해

유아기에는 공포나 분노를 유발하는 자극에 대해 비교적 강한 반응을 보이는 정서적 특징이 있다. 이러한 정서들의 지속시간은 비교적 짧지만, 강한 공포, 질투 등으로 인해 울음 및 떼를 쓰기도 한다. 유아기는 자신과 타인의 감정을 이해하고, 상황과 대상에 맞게 감정을 조절하여 표현하는 능력이 발달되는 시기이며, 자기평가와 자신의 내면적 속성에 대한 이해를 바탕으로 자아를 내면적으로 이해하면서 자아존중감을 발달시킨다(이희정 외, 2014).

유아기의 정서는 2세 이전에 이미 분화된 여러 정서가 그대로 유지되는데, 이 시기의 정서의 특징은 다음과 같다(마주리 외, 2017).

① 어떤 특정한 정서 상태의 지속시간이 짧고 자주 바뀐다.

② 정서 상태의 기복이 심해 작은 일에도 많이 좋아하는 반면, 사소한 일에도 화가 나서 발버둥을 치며 울기도 한다.

③ 자신의 감정을 즉각적으로 자주 표현하는 특징이 있다.

또한 유아기의 정서적 기능으로서는 세상에 잘 적응하도록 돕는 몇 가지 기능이 있다(신은영, 2017).

표 6-7 유아기의 정서적 기능

기능		내용
1	유아기의 정서는 생존 및 적응 가치의 기능이 있다.	정서는 유아가 환경에 잘 적응하도록 돕는다. 공포나 혐오는 위험한 상황에서 탈피하는 행동을 유발한다. 유아가 위험한 곳에 호기심을 보이면, 엄마는 유아의 공포 감정을 유발시켜 그곳에서 벗어나게 만든다.
2	유아의 정서는 특정행동을 하도록 동기를 부여한다.	분노는 공격행동의 동기를 부여하며, 공포는 회피행동의 동기를 부여한다. 분노는 자기보호 행동을 유촉하게 하고, 목표달성을 위한 에너지와 동기를 제공한다. 예를 들어, 친구가 장난감을 빼앗아 가면, 유아는 분노하게 되어 장난감을 지키려고 하고, 도로의 자동차에 공포를 느낀 유아는 어른의 손을 잡아 자신을 보호하려 한다.
3	유아의 정서는 사회적 관계를 형성하는 기능을 한다.	정서는 사회적 상호관계에서 일종의 유인 자극으로 작용하는데, 어린이집에 도착한 유아가 선생님에게 환하게 웃는 얼굴로 안기는 애정표현을 하면, 선생님도 환하게 미소로 화답하는 것을 예로 들 수 있다. 미소는 낯선 사람과 쉽게 관계를 맺을 수 있도록 해주며, 낯선 이의 적대 행위도 막아준다. 슬픔과 울음 역시 주변의 관심을 유도한다. 낯선 환경에서는 정서를 사회적 참조로 활용하기도 한다.

(계속)

기능		내용
4	유아의 정서는 학습을 도와주는 기능을 한다.	정서는 유아를 학습에 참여하고 지속하게 해 주는데, 흥미로운 주제나 재미있는 활동에는 유아가 적극 참여하고, 빠른 속도로 습득하여 쉽게 기억하게 한다. 그러나 재미없는 활동에는 주의집중하지 못하고 수행수준도 낮다.
5	유아의 정서는 신체적·정신적 건강을 유지하는 기능을 한다.	부모와 주변인의 사랑을 받아 행복감을 느끼는 유아는 정서적으로 건강하고, 지속적인 스트레스나 긴장감 또는 부모의 애정 결핍으로 불행한 유아는 부정적인 정서를 음식물로 대치하고자 하여 많이 먹는 경향이 있다.

※ 출처: 신은영(2017). 영유아발달.

2. 유아기의 정서 표현

유아의 정서표현은 영아와 크게 다르지 않은데, 작은 일에도 크게 좋아하고, 기분이 나쁘면 격렬하게 운다. 그리고 정서가 오래 지속되지 않고 급격하게 변화하여 잘 놀다가도 금방 싸워 지금까지 놀던 친구와 다시는 놀지 않을 친구처럼 싸우기도 한다. 출생 후 4세까지의 정서표현의 발달은 다음과 같다.

표 6-8 출생 후 4세까지 연령별 정서표현의 발달

연령	정서
영아기	기쁨, 슬픔, 분노, 놀람
2세 말	수치심, 죄책감, 자신감
3세	질투, 호기심, 심한 공포
4세	정서에 대한 표현어휘 사용

※ 출처: 신은영(2017). 영유아발달. p.318 재인용.

1) 분노

분노는 유아기에 가장 보편적으로 나타나는 정서로서 자신이 하는 일을 방해받거나, 자신의 의지와는 무관하게 억압받을 때, 자신의 요구가 거절당했을 때, 자신의 물건을 빼앗겼을 때 나타난다. 이시기의 유아는 분노를 일으키는 상황이 많은데,

이는 자신이 원하는 것을 얻을 수 있는 가장 빠르고 쉬운 방법이 분노의 표현이라는 것을 알기 때문이다.

표 6-9 유아의 분노 표출 방식

연령	분노의 표출 방식
2~3세	자기 활동이나 자기 소유에 대해 누가 간섭할 때이다. 자신이 하고 싶어 하는 행동을 엄마가 못하게 할 때이다.
3~4세	분노의 방향은 영아의 경우보다 방향성이 있다. 다른 유아의 감정을 상하게 하거나 신체에 상처를 입혀서 복수하려는 시도가 많아진다.
4~5세	언어를 많이 사용하여 남의 험담을 하거나 자랑을 하고 야유하고 흉내를 내는 등 여러 가지 행동으로 표출한다.

2) 공포

유아는 영아보다도 무서워하는 것들이 더 많아지는데, 이는 지능의 발달로 이전에는 알지 못했던 잠정적인 위험성을 알기 때문으로 보고 있다. 즉, 상징적인 사고의 발달로 직접 경험하지 못한 대상이나 사건에 대해서도 상상력을 발휘하여 공포를 느끼게 되는데, 어둠, 천둥소리, 혼자 있는 것, 귀신, 도깨비, 괴물, 동물, 곤충, 낯선 공간과 상황 등이 공포의 대상이 된다.

3) 질투

질투는 다른 정서와는 다르게 생리적 상황이나 행동상의 관계로 인해서 발생하는 것이 아니라, 지적 및 사회적 발달, 인간관계의 변화로 인해서 생겨나는 행동이며 정서이다. 자신에게 향하던 사랑과 관심이 다른 대상으로 옮겨질 때, 지금까지 느껴왔던 감정과 애정의 상실을 두려워하는 정서로 볼 수 있다. 질투의 표현행동으로서는 공격적 반응을 보이기도 하고, 퇴행적 행동을 보이기도 한다.

질투를 자주 보이는 연령으로서는 3~4세에 가장 심하게 나타나는데, 질투라는 정서는 분노, 공포, 애정이 혼합된 정서로 볼 수 있다. 이 시기의 질투는 흔히 형제간의 질투로, 자신에게 향했던 부모의 사랑이나 관심이 새로 태어난 동생에게 집중될 때 생긴다.

질투라는 정서는 경쟁자의 실제적, 혹은 가정된 이득에 대한 부러움을 의미한다. 특히 대상의 사랑을 차지하는 것과 관련되어 있는데, 종종 사랑하는 사람이 다른 사람을 좋아한다는 의심을 수반하기도 한다. 질투는 오이디푸스 상황에 기인하고, 일차적 대상과 독점적인 관계를 맺으려는 소망이 나중에 삶 속에서 다른 대상에게로 옮겨진 것으로 볼 수 있다. 그것의 목적은 욕구 충족이나 관심만이 아니라 사랑을 얻는 것이다. 여기에는 경쟁자를 제거하고자 하는 무의식적인 소망도 포함된다(Neubauer, 1982).

4) 호기심

호기심이란 것은 어떤 것의 존재나 이유에 대해 궁금해하고, 알려고 하며, 숙고하는 태도나 성향 또는 항상 생동감 있게 주변의 사물에 대해 의문을 갖고 끊임없이 질문을 제기하는 태도나 성향을 말한다. 호기심은 자발적으로 지식을 습득하고, 사고하고, 행동하는 데 많은 영향을 미친다.

이러한 호기심은 유아에게 강하게 나타나는 정서이며, 유아기의 호기심은 지식습득 및 문제해결능력의 향상, 창의력 증진의 원동력이 되기도 한다. 이러한 호기심은 새로운 것에 관심을 보이고, 신기한 것을 좋아하며, 모르는 것을 알고 싶어한다(신은영, 2017).

제5절 유아기 사회성의 발달

사회성의 발달이란 아기가 사회의 한 구성원으로 성장, 발달해 가는 과정에서 자신이 속한 사회의 언어, 사고, 감정, 행동 등을 포함하는 생활양식을 학습하여, 타인과의 상호 접촉을 통한 건전한 사회생활을 할 수 있는 성향을 발달시켜 가는 것을 말한다. 인간은 성장하면서 자신이 속한 사회집단 성원들이 기대하는 바에 따라 자신의 행동을 발달시켜 나아간다.

유아는 사회화를 통하여 사회성이 길러지는데, 일반적으로 사회성이 '높다' 또는 '낮다'라고 할 때는 유아가 속한 사회에 잘 적용하는 정도를 의미한다. 사회성이란 개인이 사회적 또는 집단적 상황에서 적절히 적응하고 조절하는 행동의 경향 또는 행동의 특성으로 개인의 사회적응성과 대인관계의 원만성이라고 정의할 수 있다(최윤정 외, 2015). 유아기의 변화 중 하나는 자신에 대한 인식이 발달하면서 자신을 평가하는 능력이 나타나고, 언어능력이 발달함에 따라 자신의 정서를 언어로 표현할 수 있게 된다. 이 시기에는 가족 이외의 사람들과 관계를 형성하면서 사회적 행동을 배우고, 또래 관계를 형성하며 놀이를 한다. 유아는 계속해서 새로운 사람을 만나고 새로운 환경 등에 접하면서 사회화되어 간다(곽노의 외, 2013).

1. 자아의 발달

1) 자아개념

자아개념(self-concept)이란 자신의 특징(신체적 특징, 정서적 특징, 가치관, 태도, 능력 등)에 대해 가지고 있는 내재화된 스스로에 대한 생각을 말한다(김이영 외,

2016). 유아에게 자신을 표현해 보라고 하면, 자신이 좋아하는 행동으로 표현하고, 자신의 이름, 소유물, 활동 등을 통해 자신을 묘사한다. 연령이 증가함에 따라 점차 안정적이고 추상적인 개념을 사용하여 자신을 설명하게 된다(Montemayor et. al., 1977).

표 6-10 **유아의 자아개념발달**

연령	특징	내용
18개월~2세	자신의 얼굴을 인식	영아는 자신의 얼굴을 인식하고 타인에게 자신의 이름을 말할 때 자기 사진을 가리킨다(Damon & Hart, 1988).
3~4세	소유개념의 표현	물질이나 사람에 대해서 내 인형, 내 모자, 우리 아빠 등의 소유개념을 나타낸다(Allport, 1961).
4~5세	자신을 다양한 차원에서 설명 가능	유아의 자아는 성숙한 수준으로 발달되어 자신을 여러 가지 다양한 차원에서 설명할 수 있으며, 같은 차원 안에서도 자신과 타인을 비교할 수 있다 (Bretherton, 1986).
5~7세	구체적으로 자신을 설명	유아는 체격, 연령, 성을 포함하여 전체적인 범위에서 구체적으로 자신을 설명할 수 있다.

2) 자아존중감

자아개념의 평가적 측면으로 자신을 가치 있다고 평가하는 부분이다. 자아존중감(self-esteem)은 목표를 성취하거나 과제를 성공적으로 완수함으로써 형성된다. 자아개념이 개인 자신이 누구인가에 대한 가치 신념이라면, 자아존중감은 자기 자신이 누구인가에 대한 평가를 전제한 정의적 반응이다. 그러나 일반적으로 이 두 용어는 혼용하여 사용하기도 한다. 자신의 가치와 능력을 긍정적으로 평가한다면 자아존중감이 높다고 할 수 있다.

표 6-11 자아존중감에 대한 네 가지 주요 기준

	기준	내용
1	중요도	자기가 중요하다고 생각하는 사람으로부터 사랑받고 인정받고 있다고 느끼는 정도
2	능력	자신이 중요하다고 생각하는 작업을 수행하면서 성취욕을 만족시킬 수 있는 정도
3	미덕	도덕과 윤리적인 규범을 달성할 수 있는 정도
4	힘	타인에게 영향을 미치고 통제할 수 있는 능력의 정도

※ 출처: Coopersmith(1967).

표 6-12 유아의 자아존중감을 높이는 방법

	방법	내용
1	낮은 자존감의 원인 확인	유아의 자존감이 어디에서 나오는지 확인하는 것이 자아존중감을 높이는 데 있어서 중요하다. 유아가 중요하다고 하는 영역에서 성공했을 때, 최고의 자아존중감을 느낀다. 그러므로 교사는 과업수행 방법이 독창적이었기 때문에 잘했다고 칭찬해 주는 것이 중요하다.
2	정서적 지원 및 사회적 인정	자신이 한 일에 대해서 타인으로부터 인정을 받을 때 자아존중감이 높아진다. 그러므로 가족의 정서적 격려와 인정이 중요하고, 교사 등으로부터 격려받을 수 있도록 하는 것이 중요하다.
3	수행 성취 결과	유아들은 자신이 이미 경험한 것보다 한 단계 높은 것에 도전정신을 나타낸다. 즉, 유아는 평지보다는 언덕길을 선택하는데, 부모는 유아를 저지하기보다는 안전장치를 마련하여야 한다.
4	문제를 정면으로 대처하도록 함	문제에 봉착해서 회피하기보다 정면으로 마주치면, 유아에게는 자신을 평가하는 기회가 되며, 결과와 관계없이 문제에 정면으로 대응해 봄으로써 자아존중감을 높이는 기회로도 작용한다. 회피하는 경험을 하게 되면, 자기부정이나 기만, 회피로 돌아오는 부정적 요소가 된다.

※ 출처: 김이영 외(2016). 유아발달.

2. 성 역할의 발달

성 역할(gender role)이란 한 개인이 속한 사회에서 성별에 따라 적합하다고 여겨지는 특징들이 일상에 반영된 것을 말하는데, 남자 혹은 여자로 특징지어질 수 있는 행동, 태도, 가치와 같은 특성의 집합을 말한다. 성 역할은 유아기부터 형성되기 시작하여 학령 전기와 학령기에도 계속 형성되는 과정을 거치는데, 성 역할의 형성에 영향을 끼치는 요인은 생물학적 요인과 환경적 요인으로 나누어 볼 수 있다. 생물학적으로는 호르몬이 그 원인이 될 수 있으며, 환경적으로는 부모,

미디어 등을 통한 관찰 학습, 또래의 친구, 형제간의 관계가 영향을 줄 수 있다고 본다.

1) 성 역할에 영향을 미치는 생물학적 요인

성 역할 형성에 기여하는 원인으로는 크게 생물학적 요인과 환경적 요인을 들 수 있는데, 대부분의 학자들은 성 역할이 직접적인 교육을 통해 학습된다고 본다. 그러나 일부 학자들은 생물학적 요인들이 성별이 일정한 성 역할을 수행하도록 만든다고 본다. 진화적인 관점에서 보면, 남성은 짝짓기를 위해 다른 남성과 경쟁하고, 여성은 가정에서 자녀를 양육하는 역할을 수행해 왔다. 그러므로 남성은 지배와 경쟁에 집중하게 되고, 여성은 협동과 친밀감 등에 상대적으로 더 집중하게 된다고 본다.

지금까지의 연구를 보면, 남성 호르몬인 안드로겐은 활동적인 움직임과 공격성을 증가시키고, 모성 행동은 억제하는 역할을 한다는 결론을 얻었다. 선천적 아드레날린 과다생성 증상이 있는 아동들은 유전적으로 태아기부터 높은 수준의 안드로겐을 생성하는 결함을 지니고 태어나는데, 이 증상은 남자아이에게는 영향을 미치지 않으나 여아에게는 영향을 미쳐서 여성 태아는 남성화되고, 이들은 남자의 생식기와 유사한 생식기를 가지고 태어나는 것을 볼 수 있다.

2) 성 역할에 영향을 미치는 환경적 요인

아이의 성 역할 형성에 큰 영향을 미치는 요인으로서는 '부모'의 영향력을 들 수 있다. 부모는 아기가 어릴 때부터 남자아이와 여자아이에게 서로 다른 환경을 제공하기도 하는데, 남자아이의 방은 파란색으로, 여자아이의 방은 분홍색 등의 색으로 꾸민다. 또한 남자아이들에게는 활동성과 경쟁을 강조하는 장난감 총, 자동차, 공 등을 가지고 놀게 하지만, 여자아이들에게는 양육, 협력, 신체적 매력 등이 강조되는 인형, 장신구, 장난감 찻잔 세트 등을 가지고 놀게 한다.

성 역할 고정관념은 '관찰 학습'으로도 형성되기도 하는데, TV 광고, 만화 영화, TV 프로그램 등을 통해서 아이들은 전통적인 남녀의 성 역할을 학습한다. 이러한 관찰 학습을 통해서 아동들이 전통적인 성 역할을 학습할 수 있는데, 책이나 만화 등에서는 일반적으로 남성이 이야기의 주인공으로 등장하여 단호함과 창의성을 보여 주는 반면에 여성은 보조적이고 순종적이며 의존적인 인물로 묘사된다.

또래 친구들 역시 아이들의 성 역할의 형성에 미치는 영향력도 크다. 한 연구를 보면 동성의 친구들과 더 많이 놀이를 한 아동은 이후에 성 고정관념에 더 부합하는 장난감을 선택하는 경향, 활동성 등을 보였는데, 남자아이와 어울려 지낸 남자아이는 이후에 남성적이라고 여겨지는 장난감을 더 선호하고, 더욱 활동적인 모습을 보였다.

또 다른 환경 요인으로서는 '형제 관계'를 들 수 있다. 형제 관계의 요인은 또래 친구들의 요인보다도 좀 더 복잡한데, 출생 순서나 가족의 크기에 의해 그 영향력이 달라지기 때문으로 본다. 이러한 것은 형제 관계에서 동생은 더 나이 많은 형제에게 영향을 거의 끼치지 못하지만, 더 나이 많은 형제는 어린 동생에게 많은 영향을 끼치는 것으로 볼 수 있다.

제7장 발달장애

PART 05

발달장애

CHAPTER 01

발달장애

제1절 뇌의 발달

1. 뇌의 형태 및 구조

뇌는 척수와 더불어 중추신경계를 이루는 기관으로 신경세포와 신경섬유로 구성되어 있다. 또한 풍부한 혈관조직과 경막, 지주막, 연막의 3겹의 뇌막으로 둘러싸여 있다. 뇌는 형태와 기능에 따라 대뇌, 소뇌, 뇌줄기로 나누어진다(서울대학교병원, 2017). 중추신경계는 수많은 신경세포로 구성되어 있다. 신경세포를 뉴런이라고 하며 세 부분으로 구성되어 있다. 구성은 핵이 있는 세포체(cell body)와 세포체의 연장부로 신경원의 자극 수용부를 증가시키는 수상돌기(dendrite) 그리고 긴 형태의 축삭(axon)으로 되어 있다. 세포체나 수상돌기는 정보를 수용하고 통합하는 역할을 하고, 축삭은 정보를 다른 신경원으로 전달하는 역할을 한다. 하나의 뉴런은 시냅스를 통하여 수많은 뉴런들과 연결될 수 있다. 하나의 뉴런은 여러 뉴런으로부터 정보를 받고 또 다른 뉴런에 정보를 전달할 수 있다.

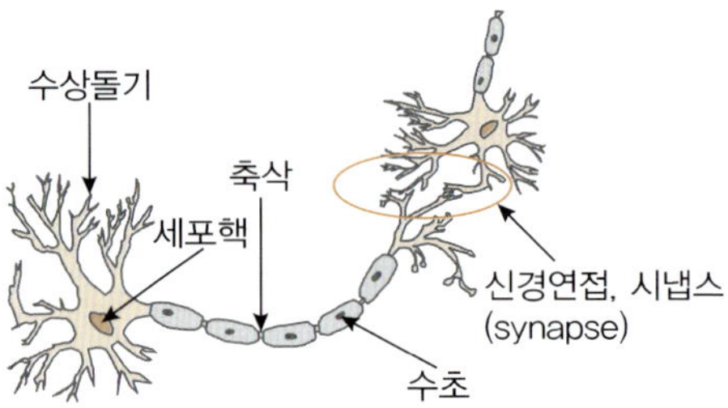

그림 7-1 **신경세포**

대뇌(cerebrum)는 좌우 2개의 반구(hemisphere)로 구성되어 있다. 각 반구들은 뇌들보에 의해서 서로 연결되어 있다. 대뇌의 표면은 많은 주름이 있으며, 돌출된 부분을 이랑(gyrus)이라 하고, 주름져 안으로 들어간 부분을 고랑(sulcus)이라고 한다. 대뇌는 전두엽, 측두엽, 두정엽, 후두엽으로 나누어지는데, 대뇌의 깊은 부분에는 시상, 시상하부 등이 있다. 뇌간은 생명의 중추이며, 수면, 각성, 체온, 호흡, 식욕, 성욕 등을 담당한다. 변연계는 위험, 투쟁·도피반응 등을 담당한다. 뇌의 외부를 감싸고 있는 것을 대뇌신피질이라고 하며, 인간의 창조, 즉 문명, 예술, 과학, 음악 등을 담당하고 있다. 뇌간에 위치한 연수는 호흡, 심장박동, 구토, 기침 등 생명과 직결된 것을 담당하고 있으며, 소뇌는 피아노를 치거나 빠르고 정교한 운동을 통제하고 신체의 평형을 유지하는 역할을 한다.

좌우 대뇌반구의 후두엽에는 1차 시각피질이 있어서 시각을 담당하고 있으며, 측두엽에는 1차 청각피질이 있어서 청각을 담당하고 있다. 전두엽에는 운동을 통제하는 1차 운동피질이 있고, 두정엽은 신체 각 부위로부터의 체감각정보를 받아들이고 공간 내에서 신체의 위치나 운동을 지각하는 데 중요한 역할을 한다.

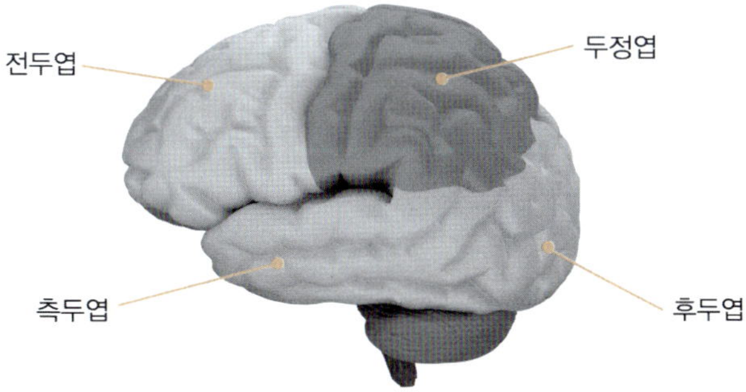

그림 7-2 **대뇌의 전두엽, 측두엽, 두정엽, 후두엽**

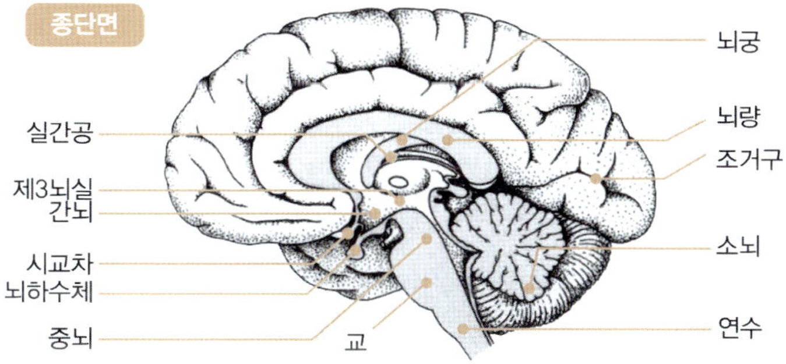

그림 7-3 **뇌의 단면**

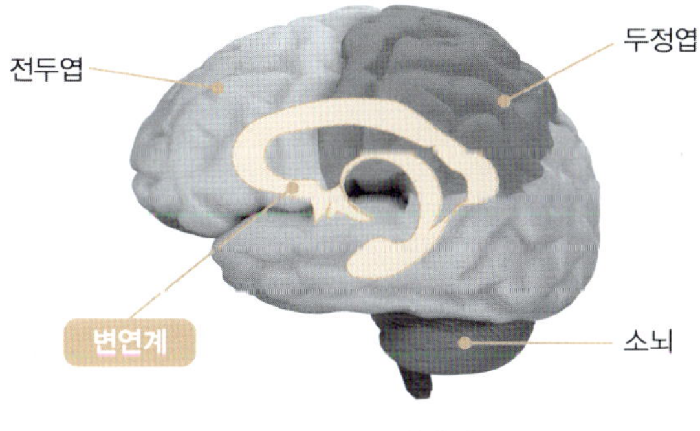

그림 7-4 **변연계**

2. 영유아의 뇌발달

임신 후 수정된 세포는 세포분열에 들어가고 약 3주 정도가 지나면 내배엽, 중배엽, 외배엽으로 발달한다. 이중 외배엽은 신경계, 감각기관, 피부상치 조직, 머리카락, 분비선, 손톱, 발톱, 치아가 된다. 수정 후 뇌가 처음으로 생성될 때에는 척수만이 존재하다가 수정 후 약 30일 정도가 지나면 앞부분이 부풀어 올라 뇌가 만들어지고 중뇌, 소뇌, 연수의 세 가지 구조로 발달하게 된다. 수정 후 약 100일이 지나면 뇌의 구조가 완성된다.

신생아의 뇌 무게는 약 350g 정도로 성인 뇌(1,400g)의 약 1/4 정도이다. 태어난 신생아는 뇌세포의 15~17% 정도만이 시냅스로 연결되어 있다. 출생 후 엄마의 목소리, 촉감, 다양한 소리 등의 자극을 받아 연결회로망(시냅스의 연결)이 점점 증가하게 된다. 이후 만 3년이 지나면 뇌의 무게는 약 1,000g까지 증가한다(마주리 외, 2017). 시냅스의 밀도는 출생 후 약 2세까지 급격하게 증가하다가 서서히 감소하여 7세 경에는 성인의 수준에 달하게 된다. 뇌의 발달은 3세까지는 영역별로 골고루 발달하고, 3~6세에는 사고와 인간성을 담당하는 전두엽이 활발히 발달하고, 7~12세 이후에는 시각을 담당하는 후두엽이 활발히 발달하게 된다(김이영 외, 2016).

표 7-1 태아의 뇌발달의 특징

개월	특징	내용
1개월	기본적인 뇌 구조가 형성	임신 후 4주째에 기본적인 뇌의 3층 구조(1층: 후뇌, 2층: 중뇌, 3층: 전뇌)가 형성된다.
3개월	서서히 기억력이 생긴다.	태아는 외부의 자극을 차츰 기억하게 된다. 엄마의 행동에 의해 어떤 자극을 받게 되면, 그것이 뇌에 전달되어 흔적을 남기게 된다.
5개월	소리를 들을 수 있다.	태아는 이 시기부터 양수 안에서 발을 움직이며 활발하게 운동을 한다. 이 시기에 태아의 뇌는 80% 이상 발달한다. 특히 청각이 발달하여 외부에서 들려오는 높고 낮은 소리를 들을 수 있다. 그 소리의 의미는 이해하지 못한다.

(계속)

개월	특징	내용
7개월	감정을 발차기로 표현	이시기부터는 바깥 소리에 대한 선호가 생기는데 태아가 가장 좋아하는 소리는 엄마의 부드러운 목소리다. 또한 아름다운 음악이나 새 소리, 곤충 소리와 같은 자연의 소리가 들려오면 움직이던 것을 멈추고 조용히 듣는다.
8개월	단기 기억이 형성되기 시작하며 소리의 강약을 구분	일부 단기기억이 형성되어 수분에서 수 시간 동안 단순 정보를 기억하는 것으로 보고되고 있다. 그 의미를 기억하는 것은 아니다.
10개월	머리를 골반에 두고 나올 준비를 한다.	이 시기의 태아는 본능적으로 바깥세상으로 나가야 될 때가 다가왔다는 것을 알고 있다. 툭툭 차대던 발길질도 멈추고 몸을 작게 오므린 다음 머리를 아래쪽의 골반에 두고 나올 준비를 하게 된다.

※ 출처: 서유헌(2009). 인체기행.

제2절 발달장애

1. 발달장애의 개념

발달장애란 지각, 인지, 운동, 언어 등의 발달영역에서 발생하는 장애를 말한다. 발달장애는 지적장애, 전반적 발달장애, 특이적 발달장애의 3종류로 나누어 볼 수 있다. 그렇지만 발달장애는 근본적으로 뇌의 문제에 의해 발생하기 때문에 치료가 불가능하다.

표 7-2 발달장애의 종류

구분	증상	종류
지적장애	• 전반적 기능에서 평균적인 지체를 보인다.	
전반적 발달장애	• 사회적 대인관계를 형성하기 어렵다. • 의사소통이 어렵다. • 활동과 흥미의 범위가 협소하고 집착이 강하다.	• **자폐범주성장애**: 전반적 발달장애의 세 가지 조건이 모두 나타난다. • **소아기붕괴성장애**: 2세경까지는 정상적으로 발달하고, 이후 여러 기능 영역의 능력이 퇴행한다. • **아스퍼거 증후군**: 지적으로 정상 발달을 하고, 언어·인지능력도 그다지 지체되지는 않으나, 사회성과 애착행동에서 자폐적 증상이 보인다. • **비정형 자폐범주성장애**: 전반적 발달장애의 세 가지 증상 중 두 가지는 보이나 세 가지 전부는 나타나지 않는다.
특이적 발달장애	• 전반적인 능력과 기능에서는 해당 연령에 상응하는 발달을 하고 있으나, 읽고 쓰는 것과 운동 등 부분적인 능력이나 기능에 현저한 지체를 보인다.	• **학습장애(LD)**: 읽기, 쓰기, 셈하기 등 특정 능력이 해당 연령에 비해 현저하게 낮다. • **주의력결핍과잉행동장애(ADHD)**:

※ 지적장애, 전반적 발달장애, 특이적 발달장애는 각각 독립된 별도의 장애로서는 명확하게 구분하기가 어려우며 중복되는 부분이 많이 존재한다.

2. 발달장애의 원인

1) 뇌손상의 원인

발달장애의 원인은 명확하게 밝혀지지는 않았지만, 선천적으로 뇌 기능 중 어딘가가 태어날 때부터 불완전한 것으로 보고 있다. 발달장애아를 가진 부모들은 자신들의 양육방법 및 성격, 생활환경에 원인이 있다고 보는 사람도 있으나, 지금까지의 연구를 통해서 대다수의 전문가가 발달장애는 선천적 장애이기 때문에 부모의 양육방법 및 환경과는 무관하다고 말한다.

발달장애는 뇌의 전두엽, 간뇌, 소뇌, 해마, 편도체 등의 활동과 관계가 있는 것으로 알려져 있다. 자폐범주성장애는 중추신경계와 관련이 있는 것으로 알려져 있다. 중추신경계는 뇌와 척수를 연결하는 신경으로서 언어, 소리, 맛, 통증, 온도 등의 정보를 수용하고 전달하고 행동을 조절하며 생명을 유지하는 역할을 한다. 자폐범주성장애 아동은 이러한 중추신경계의 기능이 활발하지 않아 뇌와 신체 각 부분의 정보가 원활하게 교환되지 않는 것으로 본다. 그러므로 언어를 통한 대화가 어렵고, 피아노 소리 등을 싫어하며, 맛에 둔감하여 같은 음식만 계속 먹거나, 큰 상처를 입어도 통증을 호소하지 않으며, 온도 감각이 둔하여 무더운 여름에도 두꺼운 옷을 입는 등의 행동특성이 나타나기도 한다.

2) 유전적 요인

지금까지 학자들의 견해를 보면, 발달장애의 원인 중의 하나로는 뇌의 장애에 의해서 발생한다고 보는 견해가 있으며, 다른 하나는 유전적 원인에 의해서 발생한다고 보는 견해가 있다.

유전적 원인의 경우, 일란성 쌍둥이의 예를 들면, 한 명이 자폐범주성장애아이면 다른 한 명도 자폐범주성장애일 확률이 40~98%로 상당히 높다. 이러한 결과는 자폐범주성장애와 유전자 사이에 관련이 있는 것으로 볼 수 있다.

쌍둥이라도 유전자가 다른 이란성 쌍둥이이거나 보통의 형제자매인 경우에는 두 사람 모두에게서 자폐범주성장애가 발생할 확률은 5~10% 정도이다. 그렇지만 자폐범주성장애 부모로부터 자폐범주성장애 자녀가 태어날 확률은 높은 것으로 조사되었다. 자폐범주성장애가 부모로부터 자녀에게 유전된다고 단정 지을 수는 없지만, 부모 자녀가 자폐범주성장애인 경우를 적지 않게 접할 수 있다. 그렇지만 이를 증명할 확실한 데이터는 불충분한 실정이다. 또한 자폐범주성장애의 유전자를 가지고 있지 않은 부모로부터 자폐범주성장애 아동이 태어나는 경우도 있으며, 자폐범주성장애 아동의 형제자매일지라도 대다수는 정상적인 발달과정을 나타내고 있다.

3. 발달장애의 발견

발달장애는 출생 후 보통 아기들과 거의 다른 것이 없으나, 시간이 지나면서 조금씩 나타나게 된다. 자폐범주성장애와 아스퍼거증후군의 아기는 우유를 원할 때나 기저귀가 젖었을 경우 울음으로 알려주어야 하나 그렇지 않은 경우가 많으며, 혼자 재워도 칭얼거리지 않고 조용히 있는 경향이 있다. 그렇기 때문에 키우기 편한 아이로 느끼는 경우도 있다.

표 7-3 연령별 발달장애의 특징

연령	발달장애	특징
출생 직후	• 자폐범주성장애 • 아스퍼거증후군	• 울지 않는다. • 혼자 재워도 아무렇지 않다. • 장난을 쳐도 웃지 않는다.
	• ADHD	• 특성이 거의 나타나지 않는다.
2~3세 경	• 자폐범주성장애 • 아스퍼거증후군	• 말을 하지 못한다. • 다른 사람과 노는 것보다 혼자서 노는 것을 좋아한다. • 장난감 등은 하나의 물건에 집착한다. • 눈을 마주치지 않는다. • 잠을 자지 않는다. • 이름을 불러도 반응이 없다. • 혼자 있어도 울지 않는다.
	• ADHD	• 여러 번 말해도 말을 듣지 않는다. • 침착성이 없다.
3~4세 경	• 자폐범주성장애 • 아스퍼거증후군	• 언어를 기억하지 못한다. • 다른 사람과의 감정 교류가 없다. • 여러 가지 물건에 집착을 보인다. • 야단을 치면 발작을 일으킨다.
	• ADHD	• 예의범절을 가르치는 것이 어렵다. • 집중하지 못한다. • 흥미가 수시로 바뀐다.

발달장애는 시간이 지나면서 다른 아이들과 다르다는 사실을 알게 되고, 병원 등에서 진료 후 진단을 받는 경우가 많으며, 이 시기는 약 3~4세 경이 대다수를 차지한다.

자폐범주성장애와 아스퍼거증후군의 특징 중의 하나는 언어지연인데 2세 이전에서는 이를 알아채기가 힘들며, 2세 경까지는 정상적으로 발달을 하는 것처럼 보이나, 그 후 장애가 발견되기도 한다.

4. 발달장애의 중복

발달장애는 다른 장애와 중복되는 경우도 많은데, 아스퍼거 증후군은 ADHD(주의력결핍과잉행동장애) 등의 발달장애를 동반하는 경우도 많으며 개인차가 크다. 또한 초등학교까지 과잉행동이 눈에 띄게 나타나, ADHD로 진단을 받았다가 사춘기 전후에 아스퍼거증후군으로 진단이 변경되는 경우도 있다.

ADHD 아동 중 약 30% 정도가 학습장애(LD)를 동반하기도 하며, 약 90%의 아동들은 학습상의 문제를 가지고 있다. ADHD의 경우 계산이 되지 않는 경우는 집중력이 지속되지 못하는 것이 원인이지만, LD아동은 숫자와 산수라는 개념을 이해하지 못하는 것이 원인이다.

표 7-4 아스퍼거증후군의 합병증

구분	합병증
신체	틱장애, 단순성 비만, 신경성 식욕부진
발달	주의력결핍과잉행동장애(ADHD), 발달성 협조운동장애, 학습장애
행동	소리에 대한 불안 행동(시끄러운 소리에 대한 공포감), 패닉 행동, 피해적 언행, 폭력, 행동장애
정신	적응장애(등교거부), 강박성장애, 기분장애, 피해염려·피해망상, 환청

5. 발달장애의 진단

발달장애의 진단 기준은 크게 자폐범주성장애의 진단기준, 아스퍼거증후군의 진단기준, ADHD(주의력결핍과잉행동장애)의 진단기준으로 나누어서 볼 수 있다.

1) 자폐범주성장애의 진단 기준

자폐범주성장애의 진단에는 국제적 판단 기준인 DSM-IV를 많이 활용한다.

표 7-5 DSM-IV 자폐범주성장애의 진단

구분	진단 기준	항목
A	①, ②, ③의 항목에서 총 6개 이상 일치해야 하며 적어도 ①에서 2개, ②와 ③에서 각각 1개 항목이 일치해야 한다.	① 다음 항목에서 적어도 2개 이상 나타나는 사회적 상호작용의 질적 손상 a. 사회적 상호작용을 위한 눈 맞춤, 얼굴표정, 신체 동작 및 몸짓과 같은 여러 가지 비언어적 행동에서의 뚜렷한 손상 b. 발달 수준에 맞는 또래관계 형성의 실패 c. 타인과의 즐거움, 흥미 혹은 성취감을 자발적으로 나누지 못함(예: 흥미 있는 사물을 보여주기, 가져오기, 가리키기 행위의 결여) d. 사회적 혹은 정서적으로 서로 반응을 주고받는 상호관계의 부족 ② 다음 항목에서 적어도 2개 이상 나타나는 의사소통의 질적 손상 a. 구어 단어의 지연 혹은 전반적인 구어 결여(몸짓이나 동작과 같은 대체 의사 소통양식으로 보완하려고 시도하지 않음) b. 언어능력을 가지고 있지만 다른 사람과 대화를 시작하거나 지속하는 능력의 부족 c. 상동적이고 반복적인 언어사용 혹은 특이한 언어사용 d. 발달 수준에 적절한 사회적 모방놀이나 다양한 자발적 상상놀이의 결여 ③ 다음 항목에서 적어도 1개 이상 나타나는 제한적이고 반복적이며 상동적인 행동 및 활동 a. 관심이나 초점이 비정상적이고 한 가지 이상의 상동적이고 제한적인 흥미에 몰입 b. 기능적이지 않은 특정 습관이나 양식에 집착함 c. 상동적이고 반복적인 운동(예: 손이나 손가락을 흔들고 돌리는 것이나 복잡한 전신의 운동) d. 사물의 일부에 지속적 몰입

(계속)

구분	진단 기준	항목
B	다음 영역 중에서 1개 이상이 3세 이전에 지연되거나 비정상적인 기능을 한다.	① 사회적 상호작용 ② 사회적 상호작용에 사용되는 언어 ③ 상징 혹은 상상놀이
C	이 장애는 레트증후군이나 소아기붕괴성장애로는 잘 설명되지 않는다.	–

※ 출처: 高橋 三郎 외(2003). DSM-IV-TR 정신질환의 분류와 진단. 의학서원.

2) 아스퍼거증후군의 진단기준

아스퍼거증후군의 진단에는 국제적 판단 기준인 DSM-IV를 많이 활용한다.

표 7–6 DSM-IV 아스퍼거증후군의 진단

구분	진단 기준	항목
A	다음의 특성 중 최소 2가지 이상이 나타나는 사회적 상호작용의 질적 결함	① 눈 맞춤, 표정, 자세, 몸짓 등 사회적 상호작용을 조절하는 비언어적 대인 행동에서의 분명한 장애 ② 발달단계에 따른 적절한 교우관계 형성의 어려움 ③ 타인과 기쁨이나 관심을 공유하거나 함께 한 가지 일을 수행하지 못함(예: 자신의 관심을 가지는 사물을 상대에게 보이거나 가져오거나 가리키지 않음) ④ 사회적 또는 감정적 상호작용의 어려움
B	다음 중 최소한 1가지 이상이 나타나는 제한된 행동, 관심, 반복상동적 활동	① 상동적이고 제한된 흥미에 몰두하여 흥미의 정도나 대상이 이상함 ② 특이하고 비효율적인 방식이나 의례적인 방법에 매우 집착함 ③ 상동적이고 반복적인 형태에 빠진 동작(예: 손이나 손가락을 팔랑팔랑 흔들거나 비비 꼬거나 혹은 전신의 복잡한 움직임 등) ④ 사물의 일부에 지속적인 집착
C	사회적, 학업적 혹은 직업적, 임상적으로 명백한 지장을 초래할 만큼의 장애를 가짐	
D	언어 면에서 임상적으로 문제가 되는 정도의 지체를 보이지 않음(예: 한 단어가 2세까지 출현하고 두 단어 이상에 의한 대화가 3세까지 출현함)	

(계속)

구분	진단 기준	항목
E	인지발달에는 임상적이고 문제가 되는 지체를 보이지 않음. 또한 일상생활습관의 획득이나 적응행동(사회성 제외), 주위 사물에 대한 관심은 연령에 상응함	
F	다른 전반적 발달장애와 통합실조증에 의한 것이 아님	

3) 주의력결핍과잉행동장애의 진단 기준

주의력결핍과잉행동장애(ADHD)는 주의력결핍, 과잉행동, 충동성의 세 가지 특징이 있으며, 진단에는 미국정신의학계의 진단기준인 DSM-IV-TR을 많이 사용한다.

표 7-7 DSM-IV-TR ADHD의 진단

구분	진단 기준	항목	
A	주의력결핍의 9가지 진단기준 중 6가지(또는 그 이상), 과잉행동 및 충동성의 9가지 진단기준 중 6가지(또는 이상)가 6개월간 지속적으로 나타나고, 그 정도는 부적응적이고 발달수준에 상응하지 않음	주의력결핍	① 세세한 일에 주의를 기울이는 것에 실패한다. 부주의로 실수한다. ② 과제나 놀이에 주의력을 유지하는 데 어려움을 가진다. ③ 다른 사람이 직접 이야기할 때 듣지 않는 것처럼 보인다. ④ 지시 따르기에 어려움을 나타낸다. ⑤ 과제와 활동을 구조화하는 것에 어려움을 나타낸다. ⑥ 정신적인 노력을 유지해야 하는 과제를 피한다. ⑦ 가정이나 학교에서 필요한 물건을 자주 잃어버린다. ⑧ 외부 자극에 의해 쉽게 주의가 산만해진다. ⑨ 매일의 활동을 자주 잊어버린다.
		과잉행동	① 자주 안절부절못하여 움직이고, 또는 의자 위에서 머뭇거린다. ② 계속 앉아 있는 것을 어려워한다. ③ 지나치게 뛰어다니거나 높은 곳에 기어오른다. ④ 조용히 여가활동을 하거나 노는 것을 어려워한다. ⑤ 쉬지 않고 계속 움직인다. ⑥ 지나치게 말이 많다.
		충동성	⑦ 자주 질문이 끝나기 전에 불쑥 대답한다. ⑧ 순서 기다리는 것을 어려워한다. ⑨ 자주 다른 사람을 방해하거나 끼어든다(예: 대화나 게임 등을 방해한다).

(계속)

구분	진단 기준	항목
B	과잉행동-충동성 또는 주의력결핍 증상의 몇 가지가 7세 이전에 존재하며 장애를 일으킨다.	
C	아동의 증상이 2가지 이상의 다른 상황(학교, 가정 등)에서 나타난다.	
D	사회적, 학업적 또는 직업적 기능에 있어서 임상적으로 현저한 장애가 존재한다는 명확한 근거가 존재하지 않는다.	
E	그 증상은 전반적 발달장애, 동합실조증, 또는 다른 정신질환성 장애의 경과 속에서 발생하지 않으며, 기타 정신질환(예: 기분장애, 불안장애, 분리성장애, 인격장애)으로는 설명되지 않는다.	

참고문헌

강경미 외(2005). 아동발달. 경기: 대왕사.

강경미 외(2008). 아동발달. 경기: 대왕사.

강문희 외(2011). 아동발달론. 경기: 공동체.

강인숙 외(2006). 인간행동과 사회환경. 서울: 태영출판사.

강인언 외(2009). 최신아동발달. 서울: 학지사.

곽노의 외(2007). 영유아발달. 경기: 양서원.

곽노의 외(2013). 영유아발달. 경기: 양서원.

김경희 외(2013). 보육학개론. 서울: 창지사.

김기현 외(2014). 유아발달. 경기: 공동체.

김수희 외(2012). 아동발달. 경기: 양서원.

김이영 외(2016). 영아발달. 경기: 양성원.

김정희(2005). "아들러 학파의 심리치료" 윤순임 외 편. 현대상담·심리치료의 이론과 실제. 서울: 중앙적성출판사.

김태련·장휘숙(1998). 발달심리학(제2판). 서울: 박영사.

김필진(2007). 아들러의 사회적 관심과 상담. 서울: 학지사.

김현호 외(2014). 유아발달. 경기: 정민사.

노명환·이차숙(1994). 유아언어교육론. 서울: 동문사.

노안영·김신영(2003). 성격심리학. 서울: 학지사.

마주리 외(2017). 영유아발달. 서울: 태영출판사.

문정화 외(2011). 아동발달. 서울: 파란마음.

민성길(2003). 최신정신의학. 서울: 일조각.

박경애(1997). 인지·정서·행동치료. 서울: 학지사.

박성연·도현심(2005). 아동발달. 서울: 동문사.

성영혜 외(1999). 영유아 발달의 이론과 실제. 서울: 동문사.

손홍숙(2009). 아동발달론. 경기: 공동체.

송명자(1996). 발달심리학. 경기: 학지사.

신은영(2017). 영유아발달. 서울: 동문사.

유효순·이성진(2006). 아동발달. 서울: 한국방송통신대학교출판부.

이옥형(2002). 아동·청년발달. 서울: 집문당.

이유미 외(2014). 영아발달. 서울: 동문사.

이죽내(1995). 분석학적 정신치료. 윤순임 외 편. 현대상담·심리치료의 이론과 실제. 서울: 중앙적성출판사.

이혜성 역(2001), Schultz. D.(2001) 저. 성장심리학. 서울: 이화여자대학교출판부.

임규혁·이차숙(2004). 발달심리학. 서울: 집문당.

전병재(1993). 사회심리학. 서울: 경문사.

조명한(1982). 한국아동의 언어획득 연구: 책략 모형. 서울: 학지사.

조복희 외(1989). 인간발달: 발달심리적 접근. 경기: 교문사.

조복희 외(1997) 인간발달. 경기: 교문사.

조복희(2002). 아동발달. 경기: 교육과학사.

질병관리본부, 대한소아과학회, 소아·청소년 신체발육표준치제정위원회(2007). 소아·청소년 표준 성장도표.

천은영(2015). 영아발달. 서울: 동문사.

최윤정·장세희(2015). 유아사회교육. 경기: 공동체.

최현석(2009). 인간의 모든 감각. 경기: 서해문집.

특수교육학 용어사전(2009). 국립특수교육원.

Ainsworth, M. D. S.(1973). The development of infant mother attachment, In B. M. Caldwell & H. N. Ricciuti(Eds.), *Review of child development research,* 3. Chicago: University of Chicago Press.

Allport, G. W.(1961). *Pattern and Growth in Personality*. New York: Holt, Rinehart and Winston.

American Psychiatric Association.(1994). *Diagnostic and statistical manual of mental disorders*(DSM-IV)(4th ed.). Washington, DC: APA.

Aslin, R.(1981). Experimental influences and sensitive periods in perceptual development:

A unified model. In R. N. Aslin, j. R. Alberts, &,. R. Peterson(Eds), *Development of Perception: Psychobiological perspectives*: Vol. 2. The visual system(45-93). NY: Academic Press.

Beck, A. T.(1976). *Cognitive therapy and the Emotional Disorders*. NY: International Universities Press.

Bowlby, J.(1958). *The nature of the child's tie to his mother*. International Journal of Psychoanalysis, 39, 3500-373.

Brazelton, T. B.(1973). *Neonatal behavioral assessment scale*. Philadelphia: Lippin-cot.

Bretherton, I.(1986). *Learning to talk about emotions: A functionalist prespective*. Child Development, 57(3), 529-48.

Cole & Cole(1993). *The development of children*(2nd ed). New York: Scientific American Books.

Chomsky, N.(1968). *Language of Mind*. Harcourt Brace Jovanovich, Inc.

Chomsky, N.(1986). *Knowledge of language: Its Nature*, Origin and Use, New York: Praeger.

Cooley, C. H.(1902). *Human nature and the social order*. New York: Charles Scribner's Sons.

Craig, G. J.(1999). *Human Development*, 8th ed., Englewood Cliffs, NJ: Prentice-Hall.

Damon, W., & Hart, D.(1988). *Self-understanding in childhood and adolescence*. New York: Cambridge University Press.

Gewirtz, J. L.(1965). The course of infant smiling in four childrearing environments in Israel. In B. M. Foss(Ed.), *Determinants of infant behavior*(Vol. 3). London, UK: Methuen.

Hallahan, D. P., & Kauffman, J. M.(1994). *Exceptional children*(6th ed.). Boston, MA: Allyn & Bacon.

Havighurst, R. J.(1972), *Developmental Tasks and Education*, 3rd., New York: David McKay.

Havighurst, R. L.(1972). *Developmental tasks and education*(3rd ed.), Process of aging, Vol. 1. New York: Atherton Press.

Huttenlocher, P. R.(1994). "Synaptogenesis, Synapse Elimination and Neural Plasticity in

Human Cerebral Cortex." in C. A. Nelson(ed.). The Minnesota Eymposia on Child Psychology. 27.

James, W.(1884). *What is an emotion? Mind.* 9. 188-205.

Kail, R. V., & Cavanaugh, J. C.(1996). *Human development. Pacific Grove*, CA: Brooks/Cole.

Keating, D. P.(1975). *Precocious Cognitive Development at the Level of Formal Operations*. Child Development, 46, 276-280.

Kostelnik, M., Whiren, A., Soderman, A., Stein, L., & Gregory, K.(2005).

Lazarus(1991). *Emotion and adaptation*. New York: Oxford University Press.

Maier, H.(1969). *Three Theories of Child Development: The Contributions of Erik H. Erikson*, Jean Piaget Robert R. Sears and Their Applications, New York: Harper & Row.

MacFarlane, A.(1975). *Olfaction in the development of social preferences in the human neonate*. In Parent-infant interation(CIBA Foundation Symposium No. 33), Amsterdaum: Elsever.

Marieb, E. M.(1992). *Human anatomy and physiology*(2nd ed.). Redwood City, CA: Benjamin/Cummings.

Neubauer, P. B.(1982). *Rivalry, envy, and jealousy*. PSOC, 37: 121-142.

Owens, R. E.(1995). *Language disorders Needham Heights*. MA: Simon & Schuster Company.

Papalia, D. E., et. al.(1998). *Human development*(7th ed.). New York: McGraw-Hill.

Papalia, D. E., Old, S. W., & Feldman, R. D.(1998). *Human Development*, 7th ed., New York; McGraw-Hill Co., Inc.

Papalia, D. E., et. al.(1998). *Human development*(7th ed.). New York: McGraw-Hill.

Smart, M. S. & Smart, R. C.(1982), *Chuldren Development and Relationship*. New York: Macmillan Publishing Co. Inc.

Zastrow, C., Karen, K., and Ashman, K.(2001). *Understanding Human Behavior and The Social Environment*(5th ed.).

찾아보기

ㅂ

ㅅ

ㅇ

ㅈ

ㅊ

ㅋ

ㅌ

ㅍ

ㅎ

저자 약력

이형석

평택대학교 사회복지학과 졸업

일본 東北大學校(Tohoku Univ.) 인간발달임상과학 석사

일본 東北大學校(Tohoku Univ.) 장해과학(障害科學) 박사

현) 서정대학교 사회복지행정과 교수

이종모

한성대학교 대학원 사회복지학 석사

한성대학교 대학원 행정학 박사

의정부시 노인장기요양보험 등급판정위원회 위원

의정부시 행정혁신위원회 보건복지분과 위원장

양주시 생활보장 심의위원회 부위원장

양주시 규제개혁위원회 위원

현) 서정대학교 사회복지행정과 교수

영유아발달

초판 1쇄 인쇄 / 2018년 5월 26일
초판 1쇄 발행 / 2018년 6월 1일

•

공저자 / 이형석 · 이종모
발행인 / 이 중 수
발행처 / **동 문 사**

•

서울특별시 서대문구 홍제원 1길 12
(홍제동 137-8)
Tel : 02)736-3718(대), 736-3710, 3720
Fax : 02)736-3719
등록번호 : 세9-17호
가격 : 16,000원

•

ISBN : 978-89-8251-971-0(93370)
E-mail : dong736@naver.com
www.dongmunsa.com